Cocinar hoy...

Pescados y mariscos, carnes, aves y caza

OCEANO

Es una obra de
GRUPO OCEANO ──────────

Dirección General de Ediciones
Carlos Gispert

Recetas, Cocina y Estilismo
Itos Vázquez

Fotografías
Fernando Ramajo

Coordinación Editorial
Ángel de Miguel

Maquetación y Diseño
Lili Mínguez, Esther Mosteiro,
Rocío T. Notario

Portada
Gilber Schneider

© MMV EDITORIAL OCEANO
Milanesat, 21-23
EDIFICIO OCEANO
08017 Barcelona (España)
Tel.: 93 280 20 20* - Fax: 93 204 10 73
www.oceano.com
e-mail: librerias@oceano.com

ISBN: 970-777-049-X

Depósito Legal: B-10492-XLVIII

9001709010405

CORRECCIÓN DE LOS TIEMPOS DE COCCIÓN SEGÚN LA ALTITUD		
ALTITUD	TEMPERATURA DE EBULLICIÓN DEL AGUA	CORRECCIÓN POR HORA DE COCCIÓN
+1500	97º C	+3 minutos
+2000	96º C	+4 minutos
+2500	95º C	+5 minutos
+3000	94º C	+7 minutos

Nota: Estos valores son aproximados y pueden variar ligeramente debido al clima local de cada región.

INTRODUCCIÓN

A lo largo de los tres apartados de este libro haremos un repaso de las recetas correspondientes a los ingredientes que constituyen el mayor aporte de proteínas a nuestra dieta.

En primer lugar, los pescados y mariscos, deliciosos y saludables al mismo tiempo. Debemos acostumbrarnos a consumirlos dos veces por semana como mínimo. En esta obra encontrará elaboraciones con las que sorprenderá muy gratamente a sus comensales.

A continuación, las carnes. En general, uno de los ingredientes más apreciado por todos. Para que encuentre variación y disfrute con sus comidas, hemos recopilado unas cuantas recetas nuevas y exquisitas de carne de vaca, de cerdo y de cordero.

Por último, su majestad, el pollo. Sin olvidar el pavo y algunas otras aves, e incluso algunas recetas de venado (ciervo, corzo) y de conejo. El pollo tiene cada vez más adeptos, tanto por su precio, como por su versatilidad, por lo que hemos incorporado varias recetas de indudable éxito en cuanto las sirva en su mesa.

Sin duda, sus comensales le aplaudirán.

Itos Vázquez

Pescados y mariscos

El pescado es una de las fuentes más importantes de proteínas que componen nuestra alimentación, ya que es rico en minerales tales como calcio, hierro y fósforo. Además, el pescado de mar tiene un alto contenido en yodo.

Los pescados se clasifican en dos grupos: *pescado blanco*, de carne poco grasa y con aceite sólo en el hígado. Son el bacalao, el róbalo, el lenguado, etc. En segundo lugar está el *pescado azul*, cuya grasa está repartida por toda la carne, como en el salmón,

la caballa, el arenque y la trucha. Los pescados pueden ser redondos como la caballa, el arenque y la trucha, o planos como el lenguado.

Los *mariscos* se dividen en dos grupos: el de los crustáceos, como la langosta, el cangrejo, el langostino y la gamba o camarón, y el de los moluscos como las almejas, los mejillones, las ostras, etc.

ELECCIÓN Y COMPRA DE PESCADO FRESCO

PESCADO BLANCO Y AZUL: Reconocerá el pescado fresco por sus ojos relucientes y brillantes, el color rojo de sus agallas y su carne tersa y firme. El pescado de agua dulce tiene en ocasiones un ligero olor a barro, pero si lo remoja en agua salada durante una o dos horas, el olor desaparecerá. La carne de los filetes y las rodajas debe ser compacta.

Comprar pescados enteros. Al comprar un pescado entero, deberá tener en cuenta que pierde entre un 30 y un 50 por ciento de su peso total al cortarlo en filetes. Si lo va a servir entero, debe calcular de 225 a 350 g por persona según la clase de pescado; los de forma plana suelen perder más peso que los redondos.

MANERA DE PREPARAR EL PESCADO PARA COCINARLO

El pescadero limpiará el pescado si se lo pide, lo que incluye destriparlo, escamarlo y despellejarlo según el tipo de pescado, sin embargo, es conveniente saber hacerlo.

MODO DE ESCAMAR EL PESCADO: Todos los pescados tienen escamas, pero generalmente sólo se escaman cuando se van a comer con piel. Los lenguados suelen despellejarse antes de cocinarlos, debido a sus pequeñas y duras escamas. Por otra parte, el salmón se cocina antes de quitarle la piel, de manera que según la clase de pescado y la forma de cocinarlo se quitarán o no las escamas.

Para realizar esta operación, coloque una hoja de papel sobre la mesa de cocina, ya que las escamas vuelan por todas partes. Utilizando un cuchillo pequeño y bien afilado, raspe las escamas desde la cola hacia la cabeza.

Siempre escame el pescado antes de limpiarlo.

MODO DE LIMPIAR EL PESCADO: Es muy importante limpiar bien el pescado. Cuando no está bien limpio puede tener un sabor amargo y desagradable. Utilice abundante agua fría para lavarlo y maneje el pescado con mucho cuidado. Una vez vacío, lo mejor es eliminar los restos de sangre y cieno con un ce-

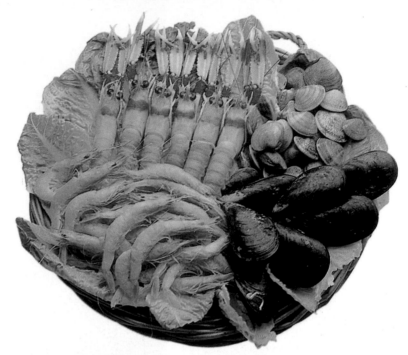

pillo pequeño y duro. Utilice un poco de sal para que la membrana negra se desprenda.

A los pescados pequeños que va a servir enteros, puede retirarles las tripas haciendo una incisión por debajo de las agallas y apretando el centro para vaciarlo. Lave muy bien.

Los pescados grandes ábralos desde las agallas hasta la mitad inferior del cuerpo, sacando las tripas y reservando las huevas, si las tiene. Lave el pescado y las huevas.

A los pescados planos quíteles las agallas haciéndoles un pequeño corte por detrás de la cabeza, y retire las tripas. Lávelos muy bien.

El pescado congelado suele limpiarse antes de congelarse. Las excepciones son el salmonete y las sardinas.

Los pescados salados póngalos en remojo durante por lo menos 24 horas, cambiándoles el agua con frecuencia.

El pescado seco también póngalo en remojo. Colóquelo bajo un chorro de agua templada, frótelo suavemente para que la carne se despegue y déjelo en remojo durante unas 48 horas.

PRINCIPALES MÉTODOS PARA COCINAR PESCADO

Hay varios métodos para cocinar pescado, ya sea entero, en filetes o en rodajas.

ESCALFADO: La mayor parte de los pescados pueden cocinarse de esta manera. Escalfar es cocinar en líquido, sin dejar hervir. Puede hacerlo en un hervidor de pescado, en una cacerola encima del fuego o en un

5

refractario en el horno. Introduzca el pescado en un líquido frío (caldo, agua, vino o una combinación), y baje el fuego hasta que el líquido empiece a "temblar".

El papel de aluminio es muy útil cuando se escalfa. Este procedimiento permite conservar todo el sabor del pescado y cocinarlo en su propio jugo. Tome las hierbas, el condimento, un poco de vino o sidra y el pescado, y envuélvalos sin apretar pero bien sujetos en papel de aluminio untado con mantequilla y a continuación, cúbralos con agua fría. Deje hervir el agua, baje el fuego y escalfe todo durante el tiempo necesario.

Tiempo de cocción: Se indica en las recetas. Hay que tener en cuenta que empieza a contar a partir del momento en que el líquido comienza a hervir.

AL HORNO: Los pescados azules tales como el arenque, el salmón y la caballa, son especialmente apropiados para este método, ya que necesitan poca grasa adicional; el calor derrite la suya propia. El pescado blanco, en cambio, requiere más grasa y hay que regarlo constantemente para que no quede seco.

El pescado al horno admite muy bien los rellenos. Se puede utilizar papel de aluminio si lo cocina empapelado. Prepare y envuelva el pescado de la misma manera que para escalfarlo, pe-

ro cocínelo en horno a temperatura moderada y sin ningún líquido. Puede llevarlo del horno a la mesa con el papel retirado cuidadosamente hacia atrás.

FRITO: De esta manera puede cocinar enteros los filetes de pescado o pescados pequeños. Una vez que el pescado esté perfectamente seco, rebócelo en harina sazonada con sal y pimienta, a continuación en huevo batido y finalmente en pan rallado. También puede rebozarlo en pasta blanda (para crepes).

Utilice una sartén fuerte y profunda con suficiente aceite para cubrir el pescado por

completo pero sin llegar a sobrepasar un tercio de la capacidad de la sartén.

El aceite de oliva, el vegetal puro o la manteca de cerdo son los únicos productos que debe utilizar para freír, ya que no contienen agua. Utilice aceite de buena calidad; los aceites inferiores se queman fácilmente.

La grasa debe estar a la temperatura correcta antes de freír el pescado para que éste resulte jugoso por dentro y dorado y crujiente por fuera sin que se ablande ni se deshaga.

El aceite debe estar caliente, aunque el calor debe variar según el grosor del pes-

A LA PARRILLA: Este es un método apropiado para pescados pequeños enteros y rodajas o filetes. La parrilla debe estar precalentada y bien engrasada para evitar que el pescado se reseque y se rompa.

Cuando cocine caballas o jureles, haga dos o tres cortes diagonales en la parte más gruesa de ambos lados para que penetre el calor y se funda la grasa natural. Sazone el pescado con sal y un poco de pimienta antes de cocinarlo. El pescado que no sea graso necesita untarse con mantequilla derretida o aceite antes de colocarlo sobre la parrilla.

AL VAPOR: El pescado al vapor resulta delicioso. Este método es más apropiado para los filetes pequeños y las rodajas finas. Ponga el pescado sobre un plato untado con mantequilla, sazónelo y cúbralo con una tapadera, un plato invertido o un papel de aluminio o encerado untado con mantequilla. Ponga el plato sobre un recipiente con agua hirviendo y a continuación baje el fuego para que el agua hierva lentamente y vaya cocinando el pescado de forma gradual.

Cuando cocine trozos de pescado más gruesos o grandes, utilice un recipiente especial para cocinar al vapor. Engrase el fondo del mismo para que el pescado no se pegue durante la cocción.

cado que vaya a freír. El aceite nunca debe hacer humo, ya que esto es señal de que se está quemando. Cuanto más grueso sea el pescado, tardará más en freírse, y si el aceite está demasiado caliente, el pescado se quemará por fuera antes de cocinarse su interior.

No fría muchas piezas de una sola vez, ya que esto reduce la temperatura del aceite y el pescado resultará grasoso y pesado en lugar de crujiente y dorado. Una vez frito, escúrralo sobre papel absorbente y si va a tardar en servirlo, manténgalo caliente, sin tapar, en el horno a baja temperatura. Cuando el aceite esté frío, cuélelo antes de utilizarlo de nuevo.

Medidas de seguridad
1. Nunca debe llenar la sartén más de un tercio.
2. No deje el aceite en el fuego si tiene que salir de la cocina. Apague la placa y ponga el mango de la sartén lejos del fuego.
3. No mueva nunca un recipiente con aceite caliente a menos que sea absolutamente necesario, en cuyo caso deberá levantarlo, nunca arrastrarlo.
4. Si el aceite se incendia, apague el fuego tapando inmediatamente la sartén con una tapadera.

Las mejores recetas

Corona de ahumados

Ingredientes para 4 personas:
100 g de salmón ahumado, en lonchas
80 g de trucha ahumada, en lonchas
250 g de arroz de grano largo
1 taza de salsa rosa o mayonesa
1/2 cebolla pelada y picada
2 cucharadas de aceite de oliva
Unas hojas de perejil fresco, picado
Sal y pimienta molida

Ponga al fuego una cacerola con abundante agua y sal; cuando comience a hervir, añada el arroz y déjelo cocer durante 20 minutos o hasta que esté en su punto. Escúrralo bien e incorpore al arroz la cebolla, el aceite y el perejil. Mezcle todo muy bien, condiméntelo con un poco de pimienta y resérvelo aparte.

A continuación, forre el interior de un molde de corona con las lonchas de salmón y cubra éstas con las de trucha.

Seguidamente, llene el interior del molde con el arroz y apriételo bien para que quede prensado.

Por último, desmóldelo sobre una fuente redonda. Vierta en el centro la salsa elegida y decórelo a su gusto.

Antes de forrar el molde con las lonchas de salmón, y para desmoldar la corona más fácilmente, coloque unas tiras de aluminio en su interior de forma que sobresalgan por los lados

Tiempo de realización: 25 minutos   Calorías por ración: 687

Besugo mechado

Ingredientes para 4 personas:

✓ 1 besugo (pargo) grande, de 1 1/2 o 2 kg de peso
✓ 2 lonchas de panceta (tocineta fresca)
✓ 7 dientes de ajo
✓ 3 limones
✓ 200 ml de caldo de carne
✓ 1 cucharada de vinagre
✓ 4 cucharadas de aceite
✓ Sal y pimienta negra recién molida

1

Limpie bien el besugo, retire las tripas, escámelo y séquelo con papel absorbente.

A continuación, sazónelo por dentro y por fuera con sal y pimienta. Haga unos cortes por todo el lomo, y méchelo con la panceta cortada en cuadraditos y un diente de ajo, fileteado (1).

Seguidamente, póngalo en una fuente y rocíelo con el zumo de 2 limones y 2 cucharadas de aceite. Introdúzcalo en el frigorífico y déjelo 2 horas en maceración.

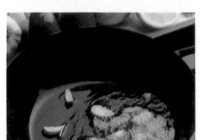

2

Cuando haya transcurrido el tiempo de maceración, retire el besugo del líquido y póngalo en una fuente de horno. Rocíelo con el caldo de carne e introdúzcalo en el horno, precalentado a 180° C (350° F), durante 30 minutos.

3

Mientras tanto, fría los ajos en el aceite restante (2) y cuando estén dorados, retírelos con una espumadera. Añada al aceite, el líquido de maceración del besugo y el vinagre (3), y deje cocer todo hasta que el líquido reduzca.

Por último, rocíe el besugo con el preparado de aceite, limón y vinagre, y termine el tiempo de cocción. Sírvalo recién hecho, adornado con el limón restante cortado en rodajas.

Tiempo de realización: 40 minutos   Calorías por ración: 574

Caldereta de langosta

Ingredientes para 4 personas:
2 langostas de 1 kg cada una
5 cucharadas de aceite
2 cebollas picadas
2 dientes de ajo
1 cucharada de perejil picado
3 tomates (jitomates) maduros, pelados y picados
1 hoja de laurel
2 tazas de caldo de pescado
4 rebanadas de pan
Sal y pimienta

Cocine las langostas en 1 1/2 litros de agua hirviendo con sal durante 10 minutos. Retírelas y resérvelas.

A continuación, caliente el aceite en una cazuela de barro y rehogue las cebollas, los ajos y el perejil durante 10 minutos. Añada los tomates y cocínelo todo durante 15 o 20 minutos o hasta obtener una pasta espesa. Pásela por un chino y viértala de nuevo en la cazuela.

Seguidamente, añada las langostas cortadas en trozos, el laurel, el caldo de pescado y el líquido de cocción de las langostas. Sazone todo con sal y pimienta y cocínelo a fuego lento durante 15 minutos.

Por último, coloque 1 rebanada de pan sobre cada plato, vierta encima el caldo con los trozos de langosta y sirva la caldereta.

Puede acompañar la caldereta con salsa ali-oli servida en salsera aparte.

Tiempo de realización: 1 hora   Calorías por ración: 502

Gambas en gabardina

Ingredientes para 4 personas:
24 gambas (camarones)
1 huevo
6 cucharadas de harina
1 vaso de cerveza rubia
Aceite para freír
Sal

Pele las gambas, dejándoles la cáscara del final de las colas.

A continuación, bata el huevo en un cuenco, agréguele la harina y mezcle todo bien. Incorpore la cerveza poco a poco, removiendo sin parar hasta conseguir una pasta espesa. (La cantidad de cerveza variará en función de la clase de harina). Sazone todo ligeramente y mézclelo bien.

Seguidamente, caliente abundante aceite en una sartén al fuego.

Por último, sujete las gambas por la cola y sumérjalas, una a una, en la pasta preparada. Vaya echándolas en la sartén y fríalas hasta que estén bien doradas. Según las retira del aceite, déjelas escurrir sobre papel absorbente para que no tengan tanta grasa, y sírvalas recién hechas con ensalada o acompañadas al gusto.

Procure freír las gambas con abundante aceite bien caliente para que floten y no rocen el fondo de la sartén.

Tiempo de realización: 25 minutos   Calorías por ración: 194

Langostinos en papillote

Ingredientes para 4 personas:
20 langostinos
2 cucharadas de aceite
1 diente de ajo
1 cebolla picada
100 g de champiñones (hongos, setas) limpios y fileteados
1 cucharada de salsa de soja
Sal y pimienta

Pele los langostinos, desvénelos y resérvelos aparte.

A continuación, caliente el aceite en una sartén y dore el ajo. Añada la cebolla y rehóguela hasta que esté transparente. Incorpore los champiñones y la salsa de soja. Sazone todo con sal y pimienta, tápelo y cocínelo a fuego lento durante 5 minutos.

Seguidamente, corte 4 trozos grandes de papel de aluminio y reparta la mitad de la salsa preparada entre ellos. Ponga encima los langostinos, cúbralos con la salsa de champiñones restante y cierre bien los paquetes.

Por último, introduzca los papillotes en el horno, precalentado a 205° C (400° F), durante 10 minutos. Retírelos del horno y sírvalos.

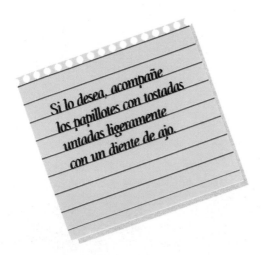

Si lo desea, acompañe los papillotes con tostadas ligeramente untadas con un diente de ajo.

Mero al chocolate

Ingredientes para 6 personas:
- ✓ 1 1/4 kg de mero
- ✓ 100 ml de aceite
- ✓ 2 cucharadas de mantequilla
- ✓ 250 g de setas o champiñones
- ✓ 2 cebollas picadas
- ✓ 1 cucharadita de tomillo seco
- ✓ 1 cucharadita de orégano seco
- ✓ 1 cucharada de perejil picado
- ✓ 1 cucharada de harina
- ✓ 300 ml de agua
- ✓ 150 ml de vino blanco
- ✓ 1 onza de chocolate rallado
- ✓ El zumo (jugo) de 1 limón
- ✓ Sal

Para la guarnición:
- ✓ 300 g de guisantes (arvejas, chícharos)
- ✓ 1 cebolla pequeña, picada
- ✓ 3 cucharadas de aceite
- ✓ 1 pimiento (pimentón) rojo, de lata

1

2

Caliente el aceite y la mantequilla en una cacerola, agregue las setas o champiñones fileteados y las cebollas, y rehóguelos unos minutos. Incorpore el orégano y el tomillo y cocine todo hasta que la cebolla esté transparente. Agregue el perejil y la harina, déles unas vueltas y añada el agua y el vino **(1)**. Sale todo y cocínelo a fuego lento durante unos minutos.

Mientras tanto, corte el mero en trozos regulares, sálelos, colóquelos en una cazuela y espolvoree el chocolate por encima. Vierta sobre el mero la salsa preparada **(2)**, rocíelo con el zumo de limón y cocínelo a fuego lento unos minutos hasta que esté en su punto.

Mientras tanto, cueza los guisantes en agua con sal. Caliente el aceite en una sartén y rehogue la cebolla. Cuando los guisantes estén cocidos escúrralos bien, incorpórelos a la sartén y rehóguelos un par de minutos.

Por último, sirva el mero con los guisantes y el pimiento en tiras.

Tiempo de realización: 30 minutos	Calorías por ración: 510

Brochetas de gambas

Ingredientes para 4 personas:
12 gambas (camarones) grandes
1 cucharada de aceite
Sal

Para la salsa:
1 taza de caldo preparado con las cáscaras de las gambas
1 cucharada de mantequilla
1 cucharada de concentrado de tomate
1 cucharadita de estragón molido
1 cucharadita de perejil picado
Sal y pimienta

Ensarte las gambas en unas brochetas de madera. Sazónelas y barnícelas con el aceite.

A continuación, ponga una plancha o sartén al fuego, y cuando esté bien caliente, ase las brochetas por ambos lados.

Seguidamente, vierta todos los ingredientes de la salsa en un cazo. Póngalo al fuego y caliéntelos hasta que la mantequilla esté totalmente derretida.

Por último, sirva las brochetas con ensalada al gusto y la salsa en salsera aparte.

Asegúrese de que la plancha o sartén esté bien caliente antes de colocar las brochetas sobre ella.

Tiempo de realización: 10 minutos	Calorías por ración: 140

22

Almejas con alcachofas

Ingredientes para 4 personas:
750 g de almejas (pepitonas)
1 kg de alcachofas (alcauciles)
El zumo (jugo) de 1 limón
4 cucharadas de aceite
2 dientes de ajo cortados en láminas
2 cucharadas de harina
1 copa de vino blanco, seco
Sal y pimienta

Cubra las almejas con agua y sal durante 1 hora para que suelten la tierra.

Mientras tanto, deseche las hojas exteriores de las alcachofas, córtelas en cuartos y póngalas en un recipiente con agua y el jugo de limón para que no se oscurezcan. Caliente agua en una olla, y cuando rompa el hervor, añada sal y cocine las alcachofas durante 30 minutos.

A continuación, caliente el aceite en otra olla y dore los ajos. Añada las almejas escurridas y cocínelas hasta que se abran. Deseche las que no se abran.

Seguidamente, agregue la harina y revuelva todo bien. Incorpore el vino y 1/2 taza de agua y sazone todo con sal y pimienta.

Por último, escurra las alcachofas y añádalas a la olla. Revuelva todo para que se mezcle bien, deje que dé un hervor y sirva.

Tiempo de realización: 1 hora   Calorías por ración: 389

Pescado al horno en vinagreta

Ingredientes para 4 personas:

1 1/4 kg de róbalo o pargo
4 cucharadas de aceite
3 dientes de ajo
1 taza de caldo de pescado
1 hoja de laurel

Para la vinagreta:
2 tomates (jitomates) cortados en cubitos
1 pimiento (pimentón) verde, cortado en cubitos
1 cebolla picada
Aceite
Vinagre
Sal

Caliente el aceite en una sartén y dore los ajos sin pelarlos. Retire la sartén del fuego.

A continuación, coloque el pescado en una fuente refractaria. Sazónelo por dentro y por fuera con sal y pimienta y rocíelo con el aceite frito con los ajos. Añádale el caldo y el laurel e introdúzcalo en el horno, precalentado a 180º C (350º F), durante 20 minutos. Retírelo del horno y déjelo templar.

Mientras tanto, mezcle todos los ingredientes de la vinagreta y aderécelos con aceite, vinagre, sal y pimienta, al gusto.

Seguidamente, retire la piel del pescado con cuidado y coloque los lomos en los platos.

Por último, añada la vinagreta y sírvalo con mayonesa si lo desea, decorándolo al gusto.

Tiempo de realización: 25 minutos	Calorías por ración: 422

Lenguado con almejas

Ingredientes para 2 personas:

✓ 1 lenguado grande
✓ 1 huevo batido
✓ Pan rallado
✓ 500 g de almejas (pepitonas)
✓ 50 g de jamón serrano, picado
✓ Aceite para freír
✓ 2 cucharadas de perejil picado
✓ Sal

1

Limpie bien el lenguado, quitándole la piel. Sálelo y rebócelo en huevo y pan rallado **(1)**.

A continuación, caliente abundante aceite en una sartén y fría el lenguado hasta que esté uniformemente dorado por ambas partes. Retírelo de la sartén y manténgalo al calor.

Mientras tanto, lave las almejas con abundante agua para que eliminen toda la arena. Viértalas en un cazo con un poco de agua salada y póngalo al fuego hasta que se abran.

2

Coloque el jamón en un plato y mézclelo con el perejil picado y 2 o 3 cucharadas de pan rallado **(2)**.

Seguidamente, retire las conchas vacías de las almejas y rellene las otras con la mezcla preparada **(3)**. Colóquelas en una fuente refractaria e introdúzcalas en el horno, precalentado a 190° C (375° F), durante 5 minutos aproximadamente.

Por último, ponga el lenguado en una fuente, rodéelo con las almejas gratinadas y decórelo al gusto.

3

Tiempo de realización: 20 minutos	Calorías por ración: 511

Caldereta de mariscos

Ingredientes para 6 personas:
500 g de almejas (pepitonas)
500 g de langostinos
300 g de calamares (chipirones, sepias) cortados en tiras
2 tallos de apio (celeri) cortados en trozos
3 zanahorias ralladas
1 pimiento (pimentón) rojo cortado en dados
1 pimiento (pimentón) verde cortado en dados
1 taza de tomate (jitomate) frito con cebolla
500 g de rape troceado
1 taza de vino blanco, seco
Sal y pimienta

Primero, lave bien las almejas, póngalas en una cazuela con 1 taza de agua y cocínelas durante 5 minutos o hasta que se abran. Retírelas del líquido y reserve las almejas. Cuele el caldo y resérvelo.

A continuación, caliente 5 tazas de agua con sal y cueza los langostinos durante 2 minutos. Retírelos con un colador, pélelos y resérvelos. Machaque las cabezas en un mortero, viértalas en el colador e introduzca éste en el caldo, removiendo con una cuchara para aprovechar todo el jugo de las cabezas.

Seguidamente, agregue al caldo los calamares, el apio, las zanahorias y los pimientos, y cocine todo durante 15 minutos.

Mientras tanto, caliente el tomate frito en una sartén y sofría en él los trozos de rape y los langostinos. Añada las almejas y cocine todo unos minutos.

Por último, vierta el tomate con los pescados en el caldo con verduras, agregue el líquido de las almejas y cocine todo junto a fuego lento durante 10 minutos. Incorpore el vino, rectifique la sazón y sirva la caldereta bien caliente.

Tiempo de realización: 55 minutos   Calorías por ración: 279

Pastel de pescado

Ingredientes para 4 personas:
500 g de mero, pargo u otro pescado al gusto
3 cucharadas de aceite
1 cebolla grande, picada
2 tomates (jitomates) maduros, picados
3 huevos
70 g de miga de pan desmenuzada
100 g de aceitunas (olivas) deshuesadas y rellenas de pimiento (pimentón)
1 1/2 tazas de mayonesa
1 pimiento (pimentón) rojo de lata
Sal

Limpie bien el pescado, retirando la piel y las espinas, y córtelo en trocitos pequeños.

A continuación, caliente el aceite en una sartén y rehogue la cebolla hasta que esté transparente. Incorpore los tomates y fríalos durante 5 minutos. Agregue el pescado y cocínelo 3 minutos revolviendo de vez en cuando.

Seguidamente, bata los huevos en un cuenco grande y añádales el sofrito preparado. Incorpore la miga de pan desmenuzada, la mitad de las aceitunas picadas y sal al gusto. Mezcle todo bien y vierta el preparado en un molde rectangular engrasado con aceite.

Por último, cocine el pastel al baño María en el horno, precalentado a 180° C (350° F), durante 30 minutos. Déjelo enfriar, desmóldelo y cúbralo con la mayonesa. Decórelo con las aceitunas reservadas y el pimiento cortado en tiras y sírvalo con ensalada al gusto.

Tiempo de realización: 1 hora   Calorías por ración: 752

Almejas rellenas

Ingredientes para 4 personas:
500 g de almejas (pepitonas) grandes
2 dientes de ajo prensados
1 yema de huevo
1 cucharada de perejil picado
2 cucharadas de queso rallado
1 cucharada de mantequilla
2 cucharadas de pan rallado
Sal y pimienta

Lave bien las almejas, cúbralas con agua con sal y déjelas durante 1 hora para que suelten la tierra. Escúrralas y póngalas en una cacerola al fuego con un poco de agua. Tape la cacerola y cocínelas hasta que se abran. Retírelas del fuego, deseche 1 de las valvas y colóquelas en una fuente refractaria.

A continuación, mezcle en un cuenco los ajos, la yema de huevo, el perejil, el queso y la mantequilla. Sazone la mezcla con sal y pimienta y revuelva todo bien.

Seguidamente, distribuya el preparado anterior sobre las almejas, poniendo un montoncito sobre cada una de ellas.

Por último, espolvoréelas con el pan rallado e introdúzcalas en el horno con el gratinador encendido hasta que estén doradas.

Para evitar que las almejas se sequen, sírvalas inmediatamente después de retirarlas del horno.

Tiempo de realización: 20 minutos	Calorías por ración: 171

Caballas aliñadas

Ingredientes para 4 personas:
- ✓ 3 caballas de 250 g cada una
- ✓ 1 limón
- ✓ 1/2 cebolla troceada
- ✓ 1 manojo de perejil
- ✓ 5 o 6 granos de pimienta
- ✓ 9 cucharadas de aceite
- ✓ 4 patatas (papas) medianas
- ✓ 2 o 3 cebolletas (cebolla larga) picadas
- ✓ 3 cucharadas de perejil picado
- ✓ Sal

1

Vierta en una cacerola 1 litro de agua, añada 1/2 limón, la cebolla, el manojo de perejil, los granos de pimienta, 1 cucharada de aceite y sal **(1)**. Ponga la cacerola al fuego y cuando cueza el agua, incorpore las caballas bien limpias y cocínelas durante 5 minutos a fuego lento. Apártelas del fuego y déjelas enfriar en su caldo. Retírelas del caldo, pélelas, quite las espinas y coloque los lomos en una fuente. Rocíelas con el zumo del 1/2 limón restante **(2)**.

2

A continuación, lave las patatas y cocínelas a fuego lento en agua con sal hasta que estén tiernas. Enfríelas, pélelas y córtelas en rodajas **(3)**.

Por último, coloque las caballas y las patatas en una fuente de servir. Cúbralas con las cebolletas y el perejil, rocíelas con el aceite y sírvalas decorándolas al gusto.

3

Tiempo de realización: 40 minutos	Calorías por ración: 745

Huevos revueltos con bacalao

Ingredientes para 4 personas:
500 g de bacalao (abadejo) seco
Abundante aceite para freír
1 cebolla grande, cortada en aros finos
500 g de patatas (papas) cortadas en bastoncitos finos
8 huevos
Sal

Ponga el bacalao en remojo durante 48 horas, cambiándole el agua varias veces. Cuando lo vaya a preparar, escúrralo, quítele la piel y las espinas y desmenúcelo.

A continuación, caliente abundante aceite en una sartén y rehogue la cebolla hasta que esté transparente. Agregue las patatas sazonadas y fríalas hasta que comiencen a dorarse.

Seguidamente, escurra el aceite de la sartén e incorpore el bacalao rehogándolo ligeramente.

Por último, bata los huevos y añádalos a la sartén. Cuájelos junto con la cebolla, las patatas y el bacalao, procurando que no queden demasiado secos y sírvalos inmediatamente.

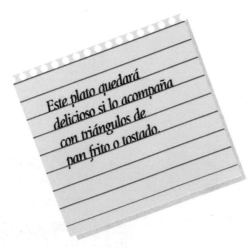

Este plato quedará delicioso si lo acompaña con triángulos de pan frito o tostado.

Tiempo de realización: 30 minutos	Calorías por ración: 677

Rollitos de lenguado

Ingredientes para 4 personas:
4 lenguados de unos 350 g cada uno
1 copa de vino blanco, seco
2 cucharadas de mantequilla
4 o 5 chalotas (escalonias)
1 cucharada de harina
1 cucharadita de perejil picado
Unas hojitas de estragón picadas
1 manojo de espárragos verdes, cocidos y troceados
2 pimientos (pimentones) rojos de lata
Sal y pimienta

Quite las pieles de los lenguados y sepárelos de la espina central, dejándolos en 4 lomos cada uno. (Puede pedir al pescadero que se los prepare). Lávelos, séquelos con papel absorbente y colóquelos extendidos sobre una tabla o superficie de trabajo.

A continuación, sazónelos ligeramente, enróllelos sobre sí mismos y coloque los rollitos de pie en una fuente refractaria en la que quepan apretaditos unos contra otros.

Seguidamente, rocíelos con el vino e introdúzcalos en el horno, precalentado a 180° C (350° F), durante 10 minutos.

Mientras tanto, derrita la mantequilla en un cazo al fuego y rehogue las chalotas hasta que estén transparentes. Incorpore la harina, el perejil y el estragón, revuelva todo bien, agregue el jugo que haya soltado el pescado, y cocine todo junto durante 5 minutos.

Por último, vierta la salsa obtenida sobre los rollitos, incorpore a la fuente los espárragos y el pimiento cortado en tiras y hornee todo junto 5 minutos más. Sírvalos inmediatamente.

Tiempo de realización: 40 minutos   Calorías por ración: 352

Salmonetes con tomate

Ingredientes para 4 personas:
1 kg de salmonetes (pargos rojos)
3 tomates (jitomates) maduros, pelados y picados
150 ml de vino blanco
El zumo (jugo) de 1/2 limón
1 diente de ajo picado
1 rama de perejil picado
2 cucharadas de pan rallado
100 ml de aceite
Sal y pimienta negra recién molida

Para la guarnición:
Patatitas (papas) cocidas al vapor
1 cucharada de perejil picado

Limpie cuidadosamente los salmonetes: quíteles los intestinos y lávelos por dentro con agua fría. Escámelos bien, vuelva a lavarlos y colóquelos en una fuente refractaria.

A continuación, cubra los salmonetes con los tomates y rocíelos con el vino, procurando que los tomates picados no se desplacen hacia los laterales. Rocíelos con el zumo de limón y sazónelos con sal y pimienta al gusto.

Seguidamente, ponga el ajo y el perejil en un cuenco. Añada el pan rallado y mezcle todo bien.

Por último, reparta la mezcla de pan y ajo por la superficie de los salmonetes, rocíelos con el aceite e introdúzcalos en el horno, precalentado a 180° C (350° F), durante aproximadamente 25 minutos. Retírelos del horno y sírvalos acompañados de las patatitas cocidas al vapor espolvoreadas con el perejil picado.

Tiempo de realización: 40 minutos   Calorías por ración: 760

Bacalao al pil-pil

Ingredientes para 4 personas:
- ✓ *600 g de bacalao (abadejo) seco cortado en trozos*
- ✓ *250 ml de aceite*
- ✓ *4 dientes de ajo grandes*
- ✓ *1 guindilla (ají)*

1

Ponga el bacalao en remojo durante 24 horas como mínimo, cambiándole el agua varias veces. Cuando lo vaya a preparar, escúrralo bien, quítele las escamas y las espinas, y séquelo con papel absorbente.

A continuación, caliente el aceite en una cazuela de barro y fría los dientes de ajo previamente fileteados y la guindilla cortada en trocitos **(1)**. Cuando los ajos estén doraditos, retírelos junto con la guindilla y resérvelos. Retire la cazuela del fuego y deje enfriar un poco el aceite.

2

Seguidamente, coloque los trozos de bacalao en la cazuela con la parte de la piel hacia abajo. Ponga la cazuela al fuego y cuando el aceite se caliente de nuevo, baje el fuego y comience a mover la cazuela con un vaivén lento **(2)**. Es importante mover la cazuela constantemente ya que de lo contrario, el bacalao no soltará la gelatina que termina por espesar la salsa y darle ese color blanco típico de este guiso. Con 15 o 20 minutos será suficiente para que se haga la salsa.

3

Por último, una vez cocinado el bacalao, agregue los ajos y la guindilla que ha reservado anteriormente **(3)**, colocándolos sobre la superficie de los trozos de bacalao. Sirva enseguida de la misma cazuela.

Tiempo de realización: 40 minutos	Calorías por ración: 728

Calamares rellenos

Ingredientes para 4 personas:
16 calamares (chipirones, sepias) medianos
5 cucharadas de aceite
2 cebollas medianas, picadas
2 dientes de ajo picados
150 g de carne picada de vaca (res)
2 cucharadas de harina
1 copa de vino blanco, seco
1 taza de agua
Sal y pimienta

Para la guarnición:
Arroz blanco, cocido con perejil

Separe los tentáculos de los calamares y lave todo muy bien desechando las tintas, huesos e intestinos. Reserve las bolsas y pique los tentáculos.

A continuación, caliente 2 cucharadas de aceite en una sartén y rehogue 1 cebolla y los ajos. Incorpore la carne y los tentáculos picados, y sazone todo con sal y pimienta. Rehóguelo durante 5 minutos y retírelo del fuego.

Seguidamente, rellene las bolsas de los calamares con el preparado y cierre la abertura con un palillo de madera para que no se salga el relleno.

Por último, caliente el aceite restante en una cacerola y saltee los calamares. Añada la otra cebolla y rehogue todo durante 5 minutos. Incorpore los ingredientes restantes, tape la cacerola y cocine los calamares a fuego lento durante 15 minutos. Sírvalos con el arroz blanco con perejil.

Tiempo de realización: 1 hora   Calorías por ración: 288

Truchas al aguardiente

Ingredientes para 4 personas:
8 truchas pequeñas de unos 150 g cada una
Harina para enharinar
250 ml de aceite
4 dientes de ajo picados
8 guindillas (ajíes) pequeñas
200 g de jamón cortado en tiras
1 cucharada de perejil picado
1/2 copita de vino blanco
1/2 copita de aguardiente
Sal

Limpie bien las truchas por dentro y por fuera y lávelas bajo un chorro de agua fría. Séquelas cuidadosamente con un paño de cocina y córtelas en cuatro trozos, incluida la cabeza. Sazónelas y páselas por harina.

A continuación, caliente el aceite en una sartén al fuego y fría los trozos de trucha hasta que estén dorados.

Seguidamente, agregue los ajos, las guindillas y las tiras de jamón y sofría todo ligeramente. Añada el perejil picado, déle unas vueltas y retire la sartén del fuego.

Por último, retire parte del aceite de la sartén e incorpore el vino blanco y el aguardiente. Prenda fuego para flamearlo todo y sírvalo decorado con perejil y rodajitas de limón o al gusto.

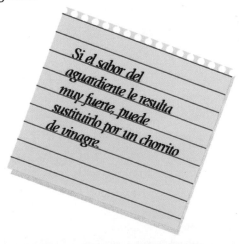

Si el sabor del aguardiente le resulta muy fuerte, puede sustituirlo por un chorrito de vinagre.

Tiempo de realización: 20 minutos   Calorías por ración: 879

Cabracho
con champiñones

Ingredientes para 4 personas:
1 cabracho (pargo rojo) de aproximadamente 1 1/2 kg
3 cucharadas de aceite
1 cebolla mediana, picada
250 g de champiñones (hongos, setas) fileteados
1 taza de agua
2 copas de vino blanco
50 g de miga de pan desmenuzada
1 limón cortado en rodajas finas
Sal y pimienta

Lave bien el pargo y haga un par de incisiones sobre el lomo. Sazónelo y resérvelo aparte.

A continuación, caliente el aceite en una sartén al fuego y fría la cebolla junto con los champiñones. Agregue el agua y 1 copa de vino blanco, sazone con sal y pimienta y cocine todo hasta que el líquido quede reducido.

Seguidamente, cubra el fondo de una fuente refractaria con parte de la salsa preparada. Coloque encima el pescado y sobre él la salsa restante.

Por último, espolvoree la superficie de la preparación con el pan desmenuzado, agréguele el vino blanco restante e introdúzcalo en el horno, precalentado a 180° C (350° F), durante unos 25 minutos. Sirva el pescado con las rodajas de limón.

Para servir el pescado con más facilidad, quítele las espinas laterales antes de servirlo.

Tiempo de realización: 50 minutos	Calorías por ración: 496

Rape en salsa

Ingredientes para 4 personas:

✓ *4 rodajas grandes de rape*
✓ *500 g de mejillones (choros, moule)*
✓ *100 ml de aceite*
✓ *1 cebolla picada*
✓ *200 g de guisantes (arvejas, chícharos)*
✓ *2 copas de vino blanco*
✓ *2 dientes de ajo*
✓ *2 cucharadas de perejil picado*
✓ *Unas hebras de azafrán (achiote, color)*
✓ *1 cucharada de harina*
✓ *100 ml de caldo de carne*
✓ *2 pimientos (pimentones) rojos de lata*
✓ *Sal*

1

2

3

Ponga los mejillones previamente lavados y raspados en una cazuela. Tápela y cocínelos a fuego vivo para que se abran. Déjelos enfriar.

A continuación, caliente el aceite en una cazuela y rehogue la cebolla unos minutos. Coloque sobre ella el rape (**1**), vierta por encima los guisantes, sálelo y rocíelo con el vino (**2**). Cuando los mejillones estén fríos, retírelos de las valvas y colóquelos en la cazuela. Introdúzcala en el horno, precalentado a 180° C (350° F), unos 10 minutos.

Mientras tanto, machaque los ajos junto con el perejil y el azafrán. Añada la harina y un poco de caldo de carne, y remueva todo bien para que quede una mezcla homogénea y sin grumos.

Por último, retire la cazuela del horno, vierta el majado por la superficie (**3**) y coloque los pimientos cortados en tiras. Rectifique la sazón, añada más caldo si fuera necesario, e introdúzcalo de nuevo en el horno 10 minutos más. Sirva de la misma cazuela.

Tiempo de realización: 50 minutos	Calorías por ración: 622

Cabracho al limón

Ingredientes para 4 personas:
4 cabrachos (pargos rojos) de 250 g cada uno
3 limones
4 patatas (papas) cortadas en rodajas de 1/2 cm
1 cebolla picada
6 cucharadas de aceite
1 cucharada de perejil picado
Sal y pimienta

Pida al pescadero que escame muy bien los cabrachos. Lávelos por dentro y por fuera, séquelos con papel absorbente y hágales unos cortes en los lomos. Sazónelos con sal y pimienta y colóquelos en una fuente de loza o de cristal.

A continuación, exprima 2 limones y vierta el zumo sobre los pescados. Tápelos con una lámina de plástico adherente y déjelos reposar en el frigorífico durante 2 horas para que tomen el sabor.

Seguidamente, cubra el fondo de una fuente refractaria con las patatas y las cebollas. Sazónelas con sal y pimienta y rocíelas con un poco del aceite. Introduzca la fuente en el horno, precalentado a 180º C (350º F), durante 20 minutos.

Por último, corte el limón restante en rodajas e introdúzcalas en los cortes hechos en los lomos de los cabrachos. Colóquelos en la fuente sobre las patatas, rocíelos con el aceite restante y el jugo que hayan soltado las patatas e introdúzcalos en el horno, a la misma temperatura, durante 20 minutos o algo más si fuera necesario, ya que el tiempo dependerá del grosor del pescado. Sírvalos con las patatas espolvoreadas con el perejil.

Tiempo de realización: 1 hora   Calorías por ración: 425

Lenguado con gambas

Ingredientes para 4 personas:
1 lenguado grande o 2 medianos pelados
500 g de gambas (camarones)
2 cucharadas de aceite
2 cucharadas de mantequilla
2 cucharadas de harina
1 taza de nata (crema de leche) líquida
4 cucharadas de queso parmesano rallado
Sal y pimienta

Para la guarnición:
4 patatas (papas) cocidas
Arroz blanco
1 lata pequeña de guisantes (arvejas, chícharos)

Cocine las gambas en un poco de agua hirviendo durante 1 minuto. Retírelas, pélelas y machaque las cabezas en un mortero o páselas por la batidora con un poco del líquido de cocción. Pase el puré obtenido y el caldo por un tamiz o colador fino y resérvelos.

A continuación, caliente el aceite y la mantequilla en una cazuela al fuego. Agregue la harina, sofríala ligeramente e incorpore la nata y el líquido reservado de las gambas. Sazone todo con sal y pimienta y cocínelo, sin dejar de revolver, hasta conseguir una crema.

Seguidamente, incorpórele las gambas cortadas por la mitad en sentido longitudinal y el queso y mezcle todo bien.

Por último, sazone el lenguado y colóquelo en una fuente refractaria. Introdúzcalo en el horno, precalentado a 180° C (350° F) y cocínelo durante 10 minutos, dependiendo del grosor del pescado. Retírelo del horno, cúbralo con la crema preparada y sírvalo con patatas cocidas, guisantes y arroz blanco.

Tiempo de realización: 40 minutos   Calorías por ración: 615

Palometa con tomate

Ingredientes para 4 personas:
1 palometa (japuta, mojarra) de 1 1/4 kg aproximadamente
6 cucharadas de aceite
1 cebolla picada
2 dientes de ajo picados
500 g de tomate (jitomate) natural, triturado
1 copa de vino blanco, seco
1 hoja de laurel
Sal

Pida al pescadero que pele la palometa, quitándole la cabeza y las espinas. Separe los lomos y corte cada uno en 2. Lávelos bien, séquelos con papel absorbente y sálelos.

A continuación, caliente el aceite en una sartén grande y dore ligeramente los filetes de pescado. Retírelos con una espumadera y déjelos sobre papel absorbente para eliminar el exceso de grasa. Resérvelos.

Seguidamente, rehogue la cebolla y los ajos en el aceite que haya quedado en la sartén hasta que la cebolla esté transparente. Agregue el tomate, el vino y el laurel. Sale y cocine todo a fuego lento durante 40 minutos hasta que el tomate esté bien frito.

Por último, incorpore el pescado a la sartén y cocínelo durante 2 minutos. Retírelo del fuego y sírvalo bien caliente decorándolo al gusto.

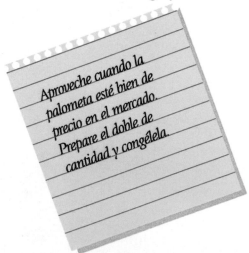

Aproveche cuando la palometa esté bien de precio en el mercado. Prepare el doble de cantidad y congélela.

Tiempo de realización: 50 minutos   Calorías por ración: 507

Cóctel de langostinos

Ingredientes para 4 personas:

✓ 16 langostinos
✓ 1 lechuga
✓ 1 huevo
✓ 250 ml de aceite
✓ El zumo (jugo) de 1/2 limón
✓ 3 cucharadas de catsup (ketchup)
✓ 2 cucharadas de nata (crema de leche) líquida
✓ 2 cucharadas de brandy (cognac)
✓ 4 rodajas de limón
✓ Sal y pimienta blanca

1

2

3

Ponga una cazuela con abundante agua y sal al fuego. Cuando comience a hervir, incorpore los langostinos, espere que vuelva a hervir y cocínelos 1 o 2 minutos. Retírelos del agua, déjelos enfriar y pélelos (1), dejando 4 langostinos con cáscara. Trocee los restantes y resérvelos.

A continuación, deseche las hojas exteriores de la lechuga y lave bien el cogollo con agua fría, separe cuatro hojas para la decoración y pique el resto en juliana.

Seguidamente, prepare una mayonesa con el huevo, el aceite, el zumo de limón y sal y pimienta. Viértala en un cuenco grande y agréguele el catsup (2), la nata y el brandy, removiendo todo para mezclarlo bien.

Por último, incorpore los langostinos y la lechuga a la salsa rosa preparada y vierta el preparado en copas de cóctel (3). Decore el cóctel con las hojas de lechuga y los langostinos reservados, ponga en cada copa 1 rodaja de limón y sírvalas bien frías.

Tiempo de realización: 30 minutos   Calorías por ración: 737

Salmón al vino blanco

Ingredientes para 4 personas:
2 colas de salmón de 500 g cada una, sin piel ni espinas
250 g de setas (hongos) de cardo, troceadas
1 hoja de laurel
1 copa de vino blanco
1 cucharada de maicena (fécula de maíz)
1/2 taza de agua
Sal y pimienta

Lave el salmón, séquelo con papel absorbente y colóquelo en una fuente refractaria. Sazónelo con sal y pimienta y ponga alrededor y por encima las setas y el laurel troceado. Rocíelo con el vino y cúbralo con papel de aluminio.

A continuación, introduzca la fuente refractaria en el horno, precalentado a 180° C (350° F), durante 12 o 14 minutos, dependiendo del grosor del pescado.

Seguidamente, retírelo del horno y vierta en un cazo el caldo que haya en la fuente. Agregue al caldo la maicena y el agua y cocine todo hasta que la salsa ligue.

Por último, reparta el salmón en 4 platos y sírvalo con las setas y la salsa preparada por encima.

Recuerde que las salsas con harina deben removerse continuamente con una cuchara de madera hasta que liguen para evitar que tengan grumos

Tiempo de realización: 20 minutos   Calorías por ración: 445

62

Boquerones abuñuelados

Ingredientes para 4 personas:
500 g de boquerones (anchoas, anchovas) grandes
5 cucharadas de harina
1 cucharada de levadura en polvo
1 taza de agua
1 clara de huevo
Aceite para freír
Sal

Limpie bien los boquerones despojándolos de la cabeza y la espina central y sepárelos en 2 filetes. Lávelos bien y séquelos con papel absorbente de cocina.

A continuación, mezcle en un cuenco grande la harina, la levadura y un poco de sal. Añádales poco a poco el agua, batiendo constantemente con un tenedor hasta obtener una pasta cremosa y sin grumos.

Seguidamente, bata la clara de huevo a punto de nieve y mézclela con el preparado anterior con movimientos envolventes para que no se baje.

Por último, caliente abundante aceite en una sartén. Pase los lomos de los boquerones por la pasta preparada y fríalos hasta que estén dorados y crujientes. Déjelos escurrir sobre papel absorbente para eliminar el exceso de grasa y sírvalos decorándolos al gusto.

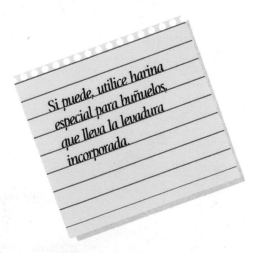

Si puede, utilice harina especial para buñuelos, que lleva la levadura incorporada.

Tiempo de realización: 30 minutos	Calorías por ración: 275

Merluza con pasas

Ingredientes para 4 personas:
750 g de merluza (corvina) cortada en rodajas
75 g de pasas
Harina para enharinar
Aceite para freír
2 cebollas cortadas en aros finos
1 copa de vino blanco
2 cucharadas de tomate (jitomate) frito
Sal y pimienta

Ponga las pasas en remojo en un cuenco con agua templada y mientras tanto, lave el pescado y séquelo con papel absorbente.

A continuación, sazone las rodajas de merluza y páselas por harina. Caliente aceite en una sartén y fríalas a fuego fuerte para que se doren, cuidando que no se hagan mucho por dentro. Retírelas de la sartén y resérvelas al calor.

Seguidamente, caliente 3 cucharadas del aceite de haber frito el pescado y rehogue la cebolla a fuego lento hasta que esté transparente. Añádale 1 cucharada de harina, sofríala ligeramente y rocíe todo con el vino. Incorpore el tomate y cocine todo a fuego lento durante 10 minutos. Pase la salsa por un chino o batidora. Si la salsa queda demasiado espesa, añádale un poco de agua.

Por último, coloque la merluza en una cazuela, cúbrala con la salsa, añada las pasas escurridas, sazónela ligeramente y cocine todo junto durante 5 minutos. Sírvalo de inmediato.

Tiempo de realización: 40 minutos   Calorías por ración: 297

Sardinas rellenas

Ingredientes para 4 personas:
- ✓ 12 sardinas grandes
- ✓ El zumo (jugo) de 1 limón
- ✓ 1 huevo cocido
- ✓ 3 huevos
- ✓ 1 diente de ajo picado
- ✓ 1 ramita de perejil picado
- ✓ 1 loncha de jamón serrano, picado
- ✓ 2 cucharadas de queso rallado
- ✓ Harina para enharinar
- ✓ Pan rallado para el rebozado
- ✓ Aceite para freír
- ✓ Sal

1

Limpie las sardinas quitándoles las cabezas, las vísceras y la espina central. Lávelas bien, séquelas y colóquelas en una fuente. Sazónelas ligeramente y rocíelas con el zumo de limón.

A continuación, pique el huevo cocido (1) y viértalo en un cuenco, agréguele 1 huevo batido, el ajo, el perejil, el jamón y el queso y mezcle todo bien.

2

Seguidamente, ponga las sardinas abiertas sobre una superficie y reparta el relleno en el centro de cada una (2). Ciérrelas dándoles su forma original y páselas primero por harina (3), a continuación por los huevos restantes previamente batidos y finalmente por pan rallado.

Por último, fría las sardinas en abundante aceite caliente hasta que estén doradas por ambos lados y sírvalas con ensalada.

3

| Tiempo de realización: 30 minutos | Calorías por ración: 683 |

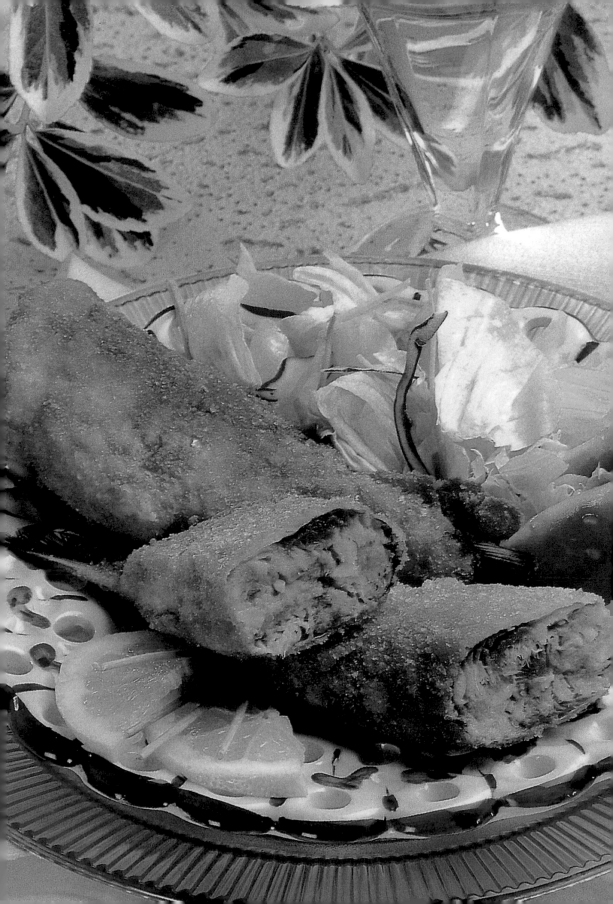

Pescada a la andaluza

Ingredientes para 6 personas:
1 kg de pescadilla (corvina) cortada en rodajas
3 cucharadas de aceite
500 g de tomates (jitomates) naturales de lata
1 cebolla grande, cortada en aros
2 pimientos (pimentones) rojos de lata, cortados en trocitos
2 hojas de laurel
1/2 taza de agua
2 cucharadas de alcaparras
2 cucharadas de vinagre
150 g de aceitunas (olivas) verdes rellenas, fileteadas
Aceite para freír
1 diente de ajo
Sal

Caliente las 3 cucharadas de aceite en una cazuela y agregue los tomates enteros, la cebolla, los pimientos, el laurel, el agua, las alcaparras, el vinagre y las aceitunas. Sale, revuelva todo bien y cocínelo a fuego lento durante 45 minutos.

A continuación, caliente abundante aceite en una sartén y fría el ajo hasta que esté bien dorado y el aceite tome su sabor. Retírelo con una espumadera.

Seguidamente, sale las rodajas de pescado y fríalas hasta que estén doradas por ambos lados.

Por último, coloque el pescado en una fuente, vierta la salsa por encima y sírvalo bien caliente.

Tiempo de realización: 55 minutos   Calorías por ración: 418

Bonito a la riojana

Ingredientes para 4 personas:
1 rodaja de bonito (atún, tuna) de 800 g aproximadamente,
sin espina y cortada en 4 trozos
10 cucharadas de aceite
1 lata de pimientos (pimentones) rojos de lata, cortados en tiras
1 trozo de guindilla o ají (opcional)
500 g de tomate (jitomate) natural triturado
6 dientes de ajo fileteados
Harina para enharinar
Sal

Caliente 2 cucharadas de aceite en una sartén y saltee las tiras de pimiento. Reserve algunas para la decoración. Incorpore la guindilla y el tomate a la sartén y cocine todo durante 20 minutos. Retírelo del fuego y páselo por la batidora para formar un puré.

A continuación, caliente el aceite restante en una cazuela de barro y fría los ajos hasta que se doren. Retírelos con una espumadera, viértalos en un mortero, macháquelos y disuélvalos en un poquito de agua.

Seguidamente, lave y seque los trozos de bonito. Sálelos, páselos ligeramente por harina y fríalos en el aceite de la sartén por ambos lados para que se doren.

Por último, cubra los trozos de bonito con el puré de tomate y pimiento. Agregue los ajos triturados, revuelva el preparado con una cuchara de madera y cocine todo junto con la cazuela tapada durante 3 o 4 minutos. Decórelo con las tiras de pimiento reservadas y sírvalo.

Tiempo de realización: 45 minutos   Calorías por ración: 630

Limones rellenos

Ingredientes para 4 personas:

✓ 4 limones grandes
✓ 200 g de queso de Burgos (queso fresco, requesón)
✓ 1 lata de 200 g de bonito (atún, tuna) al natural
✓ 2 pepinillos en vinagre, picados
✓ 10 aceitunas (olivas) verdes, sin hueso
✓ 1 pimiento (pimentón) rojo de lata, picado
✓ 1 cucharada de alcaparras
✓ 4 cucharadas de aceite
✓ 1 lechuga pequeña
✓ 1 pimiento (pimentón) rojo de lata, cortado en tiras
✓ 4 aceitunas (olivas) negras
✓ Sal y pimienta

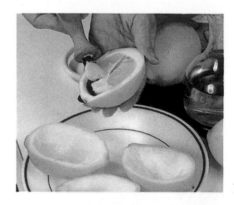

1

Lave bien los limones, córtelos por la mitad en sentido longitudinal y retíreles la pulpa procurando no romper la cáscara (1). Quite la piel y las pipas a los gajos y píquelos.

A continuación, desmenuce el queso en un cuenco, agréguele los trocitos de limón sin el zumo que hayan soltado. Desmenuce el bonito, previamente escurrido, y añádalo al queso (2).

2

Seguidamente, incorpore los pepinillos, las aceitunas verdes, el pimiento y las alcaparras. Rocíelos con el aceite (3) y sazone todo con sal y pimienta.

3

Por último, rellene las cáscaras de los limones. Ponga las hojas de lechuga en una fuente, coloque los limones rellenos sobre ella y decórelos con el pimiento y las aceitunas negras.

Tiempo de realización: 20 minutos   Calorías por ración: 318

Mero primavera

Ingredientes para 6 personas:
1 lomo de mero de 1 1/4 kg aproximadamente, sin piel ni espinas
6 cucharadas de aceite
El zumo (jugo) de 1 limón
1 cebolla grande, picada
1 diente de ajo picado
2 calabacines (calabacitas, chauchitas, zucchini) troceados
1 pimiento (pimentón) rojo, troceado
Sal y pimienta

Lave el pescado, séquelo con papel absorbente, sazónelo con sal y pimienta y colóquelo en una fuente refractaria. Úntelo con una cucharada de aceite y rocíelo con el zumo de limón.

A continuación, caliente el aceite restante en una sartén y rehogue la cebolla y el ajo durante 5 minutos. Incorpore los calabacines y el pimiento, sazónelos con sal y pimienta y cocine todo durante 15 minutos.

Mientras tanto, introduzca la fuente con el pescado en el horno, precalentado a 180° C (350° F), durante 10 minutos.

Seguidamente, incorpore las verduras rehogadas al pescado y cocine todo junto 10 minutos más o hasta que esté en su punto. El tiempo dependerá del grosor del pescado.

Por último, viértalo en una fuente o bandeja, decórelo al gusto y sírvalo bien caliente.

Tiempo de realización: 35 minutos   Calorías por ración: 581

Langosta a la cartagenera

Ingredientes para 4 personas:
1 langosta de 1 1/2 kg aproximadamente
2 cucharadas de mantequilla
2 cebollas picadas
3 tomates (jitomates) pelados y picados
1 cucharada de salsa de tomate (jitomate)
1 cucharada de salsa inglesa
2 cucharadas de miga de pan desmenuzada
3 huevos
Aceite para freír
Sal

Cocine la langosta en agua hirviendo con sal durante 5 minutos. Retírela del agua, deje que se enfríe, retire las patas y la cabeza y ábrala por el pecho, teniendo cuidado de no romper el caparazón. Extraiga la carne y píquela finamente. Corte el caparazón en anillos de 5 cm de grosor.

A continuación, caliente la mantequilla en una sartén y dore las cebollas, añada los tomates, la salsa de tomate, la salsa inglesa, la miga de pan y la carne de la langosta y deje que se rehogue todo junto, revolviendo de vez en cuando con una cuchara de madera.

Seguidamente, rellene los anillos formados con el caparazón de la langosta con el relleno preparado.

Por último, separe las claras de huevo de las yemas y monte las primeras a punto de nieve, incorpore cuidadosamente las yemas y pase por esta mezcla los anillos de langosta rellenos antes de dorarlos en el aceite bien caliente.

Tiempo de realización: 40 minutos	Calorías por ración: 481

Sardinitas escabechadas

Ingredientes para 4 personas:
- ✓ *750 g de sardinas pequeñas*
- ✓ *10 cucharadas de aceite*
- ✓ *1 cebolla mediana, picada*
- ✓ *3 dientes de ajo picados*
- ✓ *8 o 10 granos de pimienta negra*
- ✓ *6 hojas de laurel*
- ✓ *1 copa de vino blanco*
- ✓ *1/2 copa de vinagre*
- ✓ *Sal*

1

Limpie las sardinas quitándoles la cabeza, las escamas y las vísceras, y lávelas bien.

A continuación, caliente 2 cucharadas de aceite en una sartén y rehogue la cebolla y los ajos hasta que estén transparentes. Incorpore la pimienta y el laurel y rehóguelos unos minutos. Agregue el vino **(1)**, el vinagre y el aceite restante y mezcle todo bien.

2

Seguidamente, coloque las sardinas en una cazuela de barro **(2)**, sazónelas ligeramente, vierta sobre ellas el escabeche preparado **(3)** y cocine todo junto a fuego lento durante 10 minutos. Apártelas del fuego y déjelas enfriar.

En general, los escabeches no se deben servir hasta pasadas 24 horas de su preparacion para que tomen bien el sabor.

3

Tiempo de realización: 30 minutos	Calorías por ración: 621

Conchas de pescado

Ingredientes para 4 personas:
250 g de filetes de merluza (corvina) congelada
El zumo (jugo) de 1 limón
2 cucharadas de mantequilla
2 cucharadas de harina
500 ml de leche
8 gambas (camarones) crudas, desvenadas
1 cucharada de perejil picado
2 cucharadas de queso rallado
2 cucharadas de pan rallado
Sal y pimienta molida

Caliente en una cazuela agua con sal y el zumo de limón. Cuando hierva, agregue los filetes de merluza y cocínelos durante 10 minutos. Retírelos con una espumadera, quite las espinas y desmenúcelos.

A continuación, derrita la mantequilla en una sartén al fuego. Añada la harina, revuelva todo con una cuchara de madera y agregue la leche caliente. Sazone el preparado con sal y pimienta al gusto y cocínelo revolviendo hasta que espese. Incorpore los filetes de merluza desmenuzados, revuelva todo de nuevo para mezclarlo bien y retire la sartén del fuego.

Seguidamente, reparta la mezcla recién preparada en 4 conchas grandes o bien en moldes individuales, procurando no llenarlos demasiado.

Por último, coloque las gambas sobre la mezcla y espolvoree todo con el perejil, el queso y el pan rallado, previamente mezclados. Ponga las conchas en una fuente refractaria e introdúzcala en el horno, con el gratinador encendido, durante unos 15 minutos.

Tiempo de realización: 40 minutos   Calorías por ración: 251

Bacalao a la mostaza

Ingredientes para 4 personas:
1 kg de bacalao o pargo fresco
2 yemas de huevo
2 tazas de nata (crema de leche) líquida
2 cucharadas de mostaza
2 cucharadas de perejil picado
1 taza de encurtido (pepinillos, aceitunas, zanahorias, etc.
en vinagre) picado muy fino
1 cucharada de azúcar
Sal

Coloque el bacalao previamente sazonado en una fuente refractaria e introdúzcalo en el horno, precalentado a 180° C (350° F), durante 15 minutos. Retire el pescado del horno y déjelo enfriar.

A continuación, bata las yemas de huevo, añádales la nata, la mostaza, el perejil, el encurtido y el azúcar, y mezcle bien todos los ingredientes de manera que obtenga una salsa homogénea.

Por último, retire la piel y las espinas del pescado. Déle su forma inicial, cúbralo con la salsa preparada y sírvalo acompañado de patatas cocidas al vapor y ensalada.

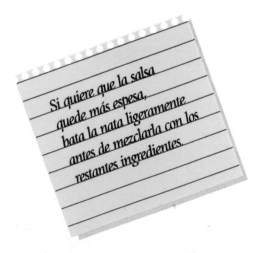

Si quiere que la salsa quede más espesa, bata la nata ligeramente antes de mezclarla con los restantes ingredientes.

Tiempo de realización: 25 minutos   Calorías por ración: 616

Merluza con pimientos

Ingredientes para 8 personas:

✓ 1 1/2 kg de merluza (corvina) en rodajas
✓ Harina para enharinar
✓ 3 cucharadas de aceite
✓ 4 cebollas cortadas en aros
✓ 4 tomates (jitomates) pelados y picados
✓ 1 pimiento (pimentón) rojo, cortado en tiras
✓ 1 pimiento (pimentón) verde, cortado en tiras
✓ 2 cucharadas de perejil picado
✓ Orégano al gusto
✓ Sal y pimienta

1

Lave el pescado, póngalo en un escurridor y déjelo escurrir.

A continuación, sazone la merluza con sal y pimienta, pásela por harina (1) y póngala en una fuente de horno.

2

Seguidamente, caliente el aceite en una sartén al fuego, agregue las cebollas y rehóguelas hasta que estén transparentes. Añada los tomates y los pimientos rojo y verde (2) y fríalos hasta obtener una salsa.

Por último, vierta el sofrito sobre el pescado, espolvoree la superficie con el perejil y el orégano mezclados (3) e introduzca la fuente en el horno, precalentado a 190° C (375° F), durante unos 20 minutos o hasta que el pescado esté en su punto.

3

Tiempo de realización: 50 minutos   Calorías por ración: 286

Berberechos a las hierbas

Ingredientes para 4 personas:
1 kg de berberechos (chipi-chipi)
1 taza de arroz de grano largo
2 cucharadas de mantequilla
1 cucharadita de mostaza
2 cucharadas de nata (crema de leche) líquida
Hierbas al gusto: perifollo, estragón, perejil, etc.
El zumo (jugo) de 1/2 limón
Sal y pimienta

Ponga los berberechos en un colador y páselos bajo un chorro de agua fría, agitando bien para que se laven. Viértalos en una cacerola, cúbralos con agua y cocínelos a fuego fuerte hasta que se abran. Cuélelos y reserve el caldo y los berberechos por separado.

A continuación, cocine el arroz en el caldo de los berberechos, sazonado y añadiendo agua hasta completar 2 tazas de líquido.

Mientras tanto, caliente la mantequilla en un cacito e incorpore la mostaza, la nata, las hierbas, el zumo de limón y sal y pimienta.

Por último, mezcle la salsa con el arroz y sírvalo rodeado con los berberechos.

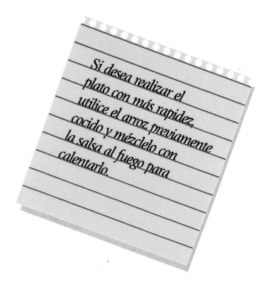

Si desea realizar el plato con más rapidez, utilice el arroz previamente cocido y mézclelo con la salsa al fuego para calentarlo.

Tiempo de realización: 30 minutos   Calorías por ración: 364

Rollitos de salmón rellenos

Ingredientes para 4 personas:
250 g de salmón ahumado, cortado en lonchas finas
400 g de salmón fresco
1 cebolleta (cebolla larga) grande, picada
1 cucharada de cebollino (chives) picado
1 cucharada de perejil picado
1 cucharada de vino de Jerez
4 cucharadas de mayonesa
3 cucharadas de aceite
El zumo (jugo) de 1 limón
Sal y pimienta negra recién molida

Para la guarnición:
2 cucharadas de aceite
200 g de brotes de soja germinada bien lavados y secos
Sal y pimienta negra recién molida

Pique el salmón fresco lo más menudo posible y mézclelo en un cuenco con la cebolleta, el cebollino, el perejil, el vino de Jerez, la mayonesa, el aceite y el zumo de limón. Sazone todo con sal y pimienta al gusto, mézclelo bien y déjelo reposar en el frigorífico durante 1 hora.

A continuación, extienda las lonchas de salmón ahumado y rellénelas con el preparado anterior, formando rollitos. Vuelva a introducirlos en el frigorífico.

Seguidamente, prepare la guarnición. Caliente el aceite en una sartén al fuego, añada los brotes de soja, sazónelos con sal y pimienta y saltéelos durante 5 o 6 minutos hasta que estén tiernos.

Por último, retire los rollitos del frigorífico, colóquelos en una fuente de servir o bien en platos individuales, y acompáñelos con los brotes de soja decorándolos al gusto.

Tiempo de realización: 20 minutos   Calorías por ración: 487

Pescada a la crema

Ingredientes para 4 personas:
- ✓ 4 trozos de lomo de pescadilla o merluza (corvina)
- ✓ 1 zanahoria raspada
- ✓ 1 cebolla grande
- ✓ 2 tomates (jitomates) medianos, pelados y picados
- ✓ 1 ramita de apio picada
- ✓ 1 pastilla de caldo
- ✓ 1 hoja de laurel
- ✓ 1 taza de mayonesa espesa
- ✓ 1 cucharada de perejil picado
- ✓ Sal y pimienta

1

Pique la zanahoria y la cebolla **(1)** y póngalas en una cazuela con los tomates, el apio, la pastilla de caldo y el laurel. Sazone todo con sal y pimienta y agregue 750 ml de agua.

2

A continuación, cocine todas las verduras durante 20 minutos.

Seguidamente, incorpore la pescadilla a la cazuela **(2)** y cocínela a fuego lento durante 8 o 10 minutos. Retírela del recipiente y colóquela en una fuente de servir.

Por último, ponga la mayonesa en un cuenco y aclárela con un poco del caldo de cocer el pescado **(3)**. Cubra la pescada con la mayonesa preparada y decórela con las verduras cocinadas. La puede servir fría o caliente.

3

Tiempo de realización: 40 minutos   Calorías por ración: 668

Ostras rellenas

Ingredientes para 4 personas:
12 ostras (ostiones)
El zumo (jugo) de 1 limón
4 cucharadas de salsa de tomate (jitomate)
2 cucharaditas de salsa de soja
6 cucharadas de pan rallado
1 cucharada de perejil picado
2 cucharadas de mantequilla

Abra las ostras, sepárelas de las valvas, póngalas en un cuenco y rocíelas con el zumo de limón.

A continuación, mezcle en otro cuenco la salsa de tomate, la salsa de soja y el jugo que habrán soltado las ostras. Vierta esta mezcla en el cuenco con las ostras y el limón y mézclelas bien.

Seguidamente, vuelva a colocar cada ostra en las mitadas de las valvas más cóncavas y póngalas en una fuente refractaria.

Por último, mezcle el pan rallado con el perejil y espolvoréelos sobre cada ostra, cubriéndolas del todo. Ponga encima un pegotito de mantequilla, introduzca la fuente en el horno con el gratinador encendido, y hornéelas hasta que las superficies estén doradas. Sírvalas sobre un lecho de lechuga o al gusto.

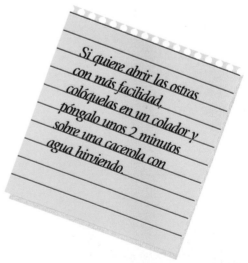

Si quiere abrir las ostras con más facilidad, colóquelas en un colador y póngalo unos 2 minutos sobre una cacerola con agua hirviendo.

Tiempo de realización: 15 minutos   Calorías por ración: 136

Carnes

Para la mayoría de nosotros la carne es el alimento más importante, el que más satisface y el que tiene mayores posibilidades de variaciones culinarias. La carne nos proporciona abundantes proteínas, hierro y vitamina B. La grasa proporciona energía, a la vez que extrae mucho del sabor de la carne y ayuda a que la parte magra se mantenga jugosa durante la cocción.

Los trozos más caros generalmente provienen de la parte más tierna del animal, o sea las zonas que han hecho menos ejercicio; estos incluyen trozos para asar, filetes, chuletas y bisteces para preparar en la parrilla o para freír. Las partes más duras requieren una cocción larga y lenta, pero son tan nutritivas como los cortes de primera calidad, tienen mucho sabor y múltiples aplicaciones.

Para comprar carne y como guía general, ésta no debe tener demasiada grasa y ser consistente y sin decolorar. La parte limpia debe estar firme, y no tener ningún daño visible.

Cuando compre carne, no la guarde envuelta; póngala en un lugar frío, donde circule bien el aire. Lo mejor es colocarla en un plato, taparla, dejando abiertos los lados del recipiente y guardarla en el frigorífico o en una despensa fría hasta que se necesite. No conserve la carne fresca más de 3 o 4 días, incluso en el frigorífico y guarde la carne picada fresca y las vísceras, sólo durante un día, ya que son extremadamente perecederas. Envuelva las carnes cocinadas en hoja plástica transparente o en papel de aluminio para evitar que se sequen; y enfríe rápidamente las sobras de estofados, guisos a la cazuela, etc., antes de taparlas y guardarlas en el frigorífico hasta el día siguiente. Recuerde que las comidas recalentadas deben estar totalmente calientes antes de servirlas de nuevo.

La composición de la dieta de los países occidentales, tiene en la carne una de las fuentes más importantes en cuanto a la contribución de proteínas se refiere. El incremento en su consumo va parejo con el del aumento del nivel de vida y del poder adquisitivo. Así en nuestro país, se come más carne que hace 30 años, lo que unido a una más correcta administración de otros elementos nutritivos y vitamínicos, ha producido nuevas generaciones, con mayor altura y con una mejora orgánica general. Sin embargo, esto no quita que debido a manipulaciones hormonales en las reses, se hayan producido en casos diversos aspectos negativos como consecuencia de su utilización. También el consumo excesivo de carne,

sobre todo aquélla con exceso de grasa, ha sido considerado como determinante del aumento del colesterol en sangre, con los peligros cardiovasculares que esto conlleva y por otro lado, parece probado que las carnes rojas contribuyen al aumento del nivel de ácido úrico, también en el caso del abuso en su consumo. Estos antecedentes no presuponen que debe abandonarse el consumo de las carnes, ni muchísimo menos, sino que nos indican que este producto debe tomarse con moderación, de forma que se combine con otros productos que también poseen aporte de proteínas, como el pescado o las setas, y que su consumo de forma racional, contribuirá a una alimentación sana y equilibrada.

A continuación, queremos dar algunas indicaciones para los asados. Básicamente existen dos métodos para asar. El primero es utilizando un horno caliente (220º C, 425º F) que rápidamente sella los poros de la parte exterior de la carne, evitando que se pierdan los jugos. De este modo el asado queda más sabroso y el exterior muy dorado. Con el segundo método se utiliza un horno a menos temperatura (190º C, 375º F), por el cual se obtiene un trozo más jugoso y que encoge menos, pero en general no tiene tan buen sabor. Coloque la pieza que se va a asar en un molde, con la capa más gruesa de grasa hacia arriba para que al derretirse se bañe a sí misma. Muy a menudo la carne es untada con manteca. Tenga cuidado de no pinchar la carne mientras esté cocinándola, pues perderá muchos de sus valiosos jugos. El trozo se mantendrá más jugoso si rocía la carne con los jugos de la cocción.

Algunas personas prefieren asar la carne introdu-

la juventud del animal, debemos fijarnos en el color de la grasa que debe ser muy blanca, desdeñando las piezas en que la grasa sea de color amarillento. También el color azulado en patas y paletillas, es indicador de juventud en el animal.

A continuación vamos a hablar de uno de los animales con mayor aprovechamiento culinario, el cerdo, del que grandes gastrónomos han loado sin recato como animal excelso y encomiable. La utilización del cerdo en chacinería es de gran importancia pero aquí nos referiremos exclusivamente a la carne fresca de este apreciado animal.

En primer lugar, debemos mencionar el lechón, que con una edad de cuatro a ocho semanas, constituye un bocado exquisito, sobre todo si se prepara en un horno de leña.

En su versión adulta nos encontramos con dos variedades básicas, el cerdo ibérico, negro, enjuto, casi imposible de conseguir para su consumo en fresco y el cerdo blanco, con distintas variedades y sabores en función de la raza y alimentación. También podemos encontrar algunas especies mixtas, que sin llegar a la exquisitez del primero, son francamente más sabrosas que las de cerdo blanco.

Al igual que el ganado vacuno, el porcino divide su carne en distintas categoría.

ciéndola en bolsas para asar, lámina especial de plástico transparente o en papel de aluminio, pero la carne permanece de un color pálido y no se obtiene tan buen sabor como con un asado al descubierto.

Pasaremos ahora a realizar un breve repaso a los diferentes animales que se utilizan en nuestra cocina. En primer lugar nos referiremos al ganado vacuno. Buey, vaca y ternera, son en tamaño decreciente los componentes de esta cabaña. La carne de buey, es la menos popularizada, debido a que no se encuentra con gran facilidad. Su carne es roja y de exquisito sabor, y suele estar recubierta de una grasa amarillenta. Las partes más apreciadas son el solomillo y el lomo. La vaca, es sin duda el animal con mayor utilización en el consumo cárnico vacuno y al igual que el buey posee un color rojizo, aunque algo menos

intenso que el anterior. Su sabor y textura dependen de diversos factores, entre los que hay que destacar la raza del animal, la alimentación a que ha sido sometido, el régimen de vida que ha llevado (estabulado o en libertad) y por supuesto, la edad de la res. Las de edad avanzada suelen tener la carne dura y correosa y son por ello poco apreciadas.

En el siguiente apartado, nos referimos al cordero, que en función de su edad recibe el nombre de lechal, ternasco, pascual, mayor y carnero. La hembra, a partir del año, se denomina oveja. El carnero y la oveja, no suelen ser muy apreciados, por su sabor excesivamente intenso, por lo que se utilizan poco en el ámbito culinario. De los corderos, existen diferentes gustos al respecto, aunque si nos debiésemos guiar por el precio, es sin duda el lechal, el más apreciado. Como indicación de

En la primera consideramos la pierna, que se puede preparar asada para grandes reuniones, aunque también se puede filetear y consumirse frita. El solomillo, que se puede hacer entero, bien al horno, guisado o frito en medallones gruesos. Por último, la cinta de lomo, que se puede asar, guisar o filetear. Si está sin deshuesar obtendremos magníficas chuletas.

En la segunda categoría, podemos mencionar la paleta, cuya mejor preparación es asada.

En la tercera categoría se encuentra el costillar, que se utiliza en multitud de guisos y preparaciones.

Por último, el resto del animal, considerado como de cuarta categoría y que se utiliza básicamente como elemento sustanciador de guisos y potajes, sin olvidar el codillo, que tiene su preparación característica, ni la manteca de cerdo, grasa de vital importancia en la preparación de múltiples recetas.

Para concluir este apartado de introducción a las carnes, debemos mencionar los despojos. Los más apreciados son los riñones, el hígado, los sesos, las criadillas y las mollejas; en segundo lugar tenemos los huesos de tuétano, los callos, la lengua, las manitas y la cabeza.

Los riñones más apreciados son los de cordero, seguidos de los de cerdo y los de ternera. Para obtener re-

sultados satisfactorios deben limpiarse bien.

El hígado de ternera y de cordero son los más utilizados. El de cerdo sólo se consume en algunas regiones. La utilización de este último está encaminada a la preparación de patés, tanto a nivel industrial como artesanal.

Los sesos constituyen un bocado exquisito y se utilizan los de todos los animales mencionados en este apartado. Forman parte en la elaboración de múltiples y deliciosas recetas.

Las mollejas más apreciadas son las de cordero, aunque también se consumen las de ternera. Son las glán-

dulas timo y se utilizan en la preparación de muchos platos como ingrediente complementario, o simplemente se cuecen, se fríen o se preparan en salsa.

Las criadillas, de choto o de cordero, se consumen generalmente rebozadas y fritas. Deben ser muy frescas y resultan un bocado delicioso.

El resto de los despojos tienen diversos tratamientos, y a lo largo de las recetas que constituyen este volumen, podremos ver la utilización de algunos de ellos para la obtención de platos verdaderamente deliciosos y en general bastante económicos.

Las mejores recetas

Lomo de cerdo mechado

Ingredientes para 6 personas:
1 kg de lomo de cerdo (cochino, chancho) en una pieza
1/2 pimiento (pimentón) rojo, cortado en tiras
10 aceitunas (olivas) rellenas
2 zanahorias raspadas
3 cucharadas de aceite
1 taza de leche
1/2 taza de caldo
1 cebolla cortada en trocitos
1 manojo de hierbas (orégano, tomillo, perejil, laurel)
1 cucharadita de maicena (fécula de maíz)
Sal y pimienta

Limpie bien la pieza de lomo y, con ayuda de un cuchillo afilado, haga incisiones largas en la carne. Introduzca por ellas las aceitunas, el pimiento y 1 zanahoria previamente cortada en tiras. Ate bien la carne para que no pierda su forma y sazónela con sal y pimienta.

A continuación, caliente el aceite en una cacerola y dore la carne por todos los lados. Agregue los ingredientes restantes excepto la maicena y cocine a fuego lento durante 2 horas aproximadamente o hasta que la carne esté tierna.

Seguidamente, retire la carne de la cacerola y pase la salsa por la batidora. Vierta esta última de nuevo en la cacerola, agregue la maicena disuelta en un poquito de agua y cocine, revolviendo, hasta que la salsa espese ligeramente.

Por último, corte la carne en rodajas no muy gruesas y acompáñela con la salsa y arroz blanco.

Tiempo de realización: 2 horas 20 minutos   Calorías por ración: 500

Pernil de cerdo

Ingredientes para 12 personas:

- ✓ 1 pernil de cerdo (cochino, chancho) de unos 3 kg
- ✓ 10 dientes de ajo pelados
- ✓ Un buen manojo de perejil
- ✓ El zumo (jugo) de 3 limones
- ✓ 1/2 cucharadita de tomillo
- ✓ 1/2 cucharadita de orégano
- ✓ 1/2 cucharadita de cominos
- ✓ Sal gorda
- ✓ Pimienta molida

Vierta en la batidora todos los ingredientes, excepto la carne. Añada un puñadito de sal y procese todo junto hasta formar un puré.

A continuación, lave el pernil, séquelo y colóquelo en una fuente de loza o cristal. Pínchelo con un cuchillo por varios sitios (1) y úntelo con el puré preparado (2). Deje macerar durante 24 horas.

Seguidamente, coloque la pieza de carne en una fuente refractaria, rocíela con un poquito de aceite (3) e introdúzcala en el horno, precalentado a 180° C (350° F), durante 3 horas aproximadamente. Cuando se vaya quedando sin jugo, incorpore un poco de caldo o agua para que no se queme.

Por último, retire el pernil de cerdo del horno, decórelo al gusto y sírvalo caliente o frío, con puré de manzana.

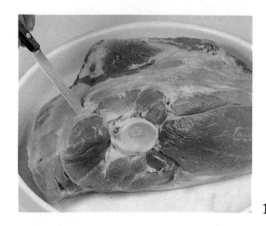

Tiempo de realización: 3 horas   Calorías por ración: 684

Callos

Ingredientes para 4 personas:
250 g de callos (mondongo) cortados en trozos
Bicarbonato
125 g de patitas (paticas) de cerdo (cochino, chancho) cortada en trozos
125 g de carne de cerdo (cochino, chancho) cortada en trozos
2 chorizos en rodajas
2 tomates picados
1 cebolla picada
1 cucharada de cilantro (culantro, coriandro)
Pimentón en polvo (achiote, color) al gusto
2 patatas (papas)
Sal

Lave muy bien los callos, póngalos en una cazuela, cúbralos con agua y un poco de bicarbonato y cocínelos durante 3 horas. Retire el agua y viértalos de nuevo en la cazuela junto con la mano de cerdo, la carne, los chorizos, los tomates, la cebolla, el cilantro y un poco de pimentón.

A continuación, sazónelos, cúbralos con agua y cocine todo junto durante 30 minutos.

Seguidamente, agregue las patatas y cocine hasta que todo esté tierno.

Por último, retírelos del fuego, repártalos en cazuelitas individuales y sírvalos bien calientes.

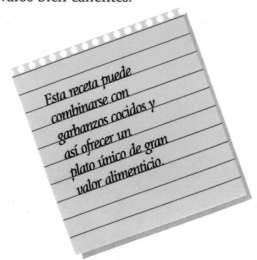

Esta receta puede combinarse con garbanzos cocidos y así ofrecer un plato único de gran valor alimenticio.

Tiempo de realización: 4 horas	Calorías por ración: 337

Brochetas de riñones

Ingredientes para 4 personas:
8 riñones de cordero
2 dientes de ajo picados
1/2 cucharadita de tomillo
1/2 cucharadita de orégano
1/2 tacita de agua
2 cucharadas de aceite
1 cucharada de vinagre
1/2 cucharadita de cominos
4 hojas de laurel
8 tomatitos (jitomates) de jardín
1 cebolla cortada en trozos grandes
Sal y pimienta

Vierta en un cuenco los ajos junto con el tomillo, el orégano, el agua, el aceite, el vinagre y los cominos. Sazone todo con sal y pimienta y mézclelo bien.

A continuación, limpie bien los riñones y córtelos en trozos. Parta las hojas de laurel por la mitad.

Seguidamente, ensarte los riñones en brochetas, alternando con la cebolla, los tomates y el laurel. Barnice bien las brochetas con el adobo preparado anteriormente y déjelas macerar bañadas con el adobo restante durante 2 o 3 horas.

Por último, ase las brochetas en una parrilla o en una barbacoa, dándoles la vuelta para que se doren por todos los lados. Sírvalas sobre un lecho de arroz blanco.

Tiempo de realización: 30 minutos   Calorías por ración: 168

Lengua a la cerveza

Ingredientes para 4 personas:
1 lengua de vaca (res) de 1 kg aproximadamente
1 l de cerveza
1 taza de tomate (jitomate) frito con cebolla
1 ramita de tomillo
1 hoja de laurel
1 pizca de orégano en polvo
3 cucharadas de harina
8 cucharadas de aceite
1 cucharada de perejil picado
1 cucharada de cilantro (coriandro, culantro) picado
Sal y pimienta negra molida

Golpee la lengua con un mazo de madera, lávela bien y póngala en una olla junto con la cerveza, el tomate, el tomillo, el laurel y el orégano. Sazónela con sal y pimienta y cocínela durante 1 1/2 horas. Retírela del caldo, pélela y córtela en rodajas de un centímetro de grosor aproximadamente.

A continuación, pase las rodajas por harina y fríalas en el aceite caliente hasta que estén doradas.

Seguidamente, viértalas de nuevo en la olla y cocínelas a fuego lento durante 10 minutos.

Por último, sirva la lengua con el perejil y el cilantro espolvoreados por encima y acompañada con patatas cocidas al vapor.

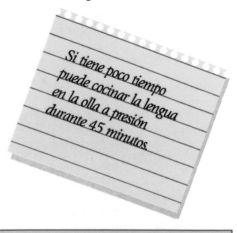

Si tiene poco tiempo puede cocinar la lengua en la olla a presión durante 45 minutos.

Tiempo de realización: 1 hora 50 minutos   Calorías por ración: 793

Pastel de cerdo y maíz

Ingredientes para 4 personas:
250 g de carne de vaca (res) picada
250 g de carne de cerdo (cochino, chancho) picada
4 mazorcas de maíz (choclo, elote)
3 huevos
100 g de mantequilla
1 cebolla pequeña, picada
1 cucharada de perejil picado
1/2 taza de miga de pan desmenuzada
Sal y pimienta

Desgrane las mazorcas, pase los granos por una batidora y cuele el preparado en un cedazo.

A continuación, caliente la mitad de la mantequilla en una cacerola, agregue el puré de maíz, sazónelo con sal y pimienta y cocínelo, revolviendo continuamente, hasta que espese. Retírelo del fuego, déjelo enfriar y mézclelo con 2 huevos batidos.

Seguidamente, caliente la mantequilla restante en una sartén y rehogue la cebolla. Retírela del fuego y mézclela con las carnes, el perejil, la miga de pan y el huevo restante. Sazone todo con sal y pimienta y trabájelo bien para que se mezclen los sabores.

Por último, engrase un molde refractario y ponga una capa de carne. Cúbrala con una capa de maíz y repita la operación. Introduzca el molde en el horno, precalentado a 180° C (350° F) y hornee hasta que esté cuajado y al pinchar con una aguja de tejer, ésta salga limpia. Desmóldelo, decórelo al gusto y sírvalo.

Tiempo de realización: 1 hora   Calorías por ración: 460

Morcillo en salsa

Ingredientes para 4 personas:
- ✓ 1 kg de morcillo (morillo) de vaca (res)
- ✓ 100 ml de aceite
- ✓ Harina para enharinar
- ✓ 1 cebolla picada
- ✓ 3 puerros (poros) picados
- ✓ 2 dientes de ajo picados
- ✓ 1 copa de vino blanco, seco
- ✓ 1 vaso de agua
- ✓ 1 lata de pimientos (pimentones) rojos en conserva
- ✓ 8 rebanadas de pan frito
- ✓ 1 cucharada de perejil
- ✓ Sal y pimienta

Caliente el aceite en una cacerola grande y mientras tanto, ate la carne para que no pierda su forma y enharínela ligeramente.

A continuación, ponga el morcillo en la cacerola y dórelo por todos los lados. Agregue la cebolla, los puerros y los ajos (1) y cocine todo hasta que las verduras tomen color.

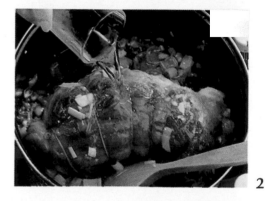

Seguidamente, rocíe la carne con el vino y el agua (2), sazone con sal y pimienta y cocine hasta que todo esté tierno. Retire la carne de la cacerola y córtela en lonchas.

Por último, pase la salsa por la batidora y vuelva a verterla en la cacerola. Incorpore la carne y los pimientos cortados en tiras (3) y cocine todo unos minutos. Sírvalo con pan frito y espolvoreado con perejil picado.

Tiempo de realización: 1 hora 30 minutos   Calorías por ración: 875

Hígado a la naranja

Ingredientes para 6 personas:
*750 g de hígado de ternera (añojo, becerra, mamón) cortado
en filetes delgados
El zumo (jugo) de 2 naranjas
4 cucharadas de aceite
Harina para enharinar
1 cebolla pelada y picada
2 cucharadas de nata (crema de leche) líquida
Sal y pimienta*

*Para la decoración:
2 naranjas peladas, en gajos*

Ponga los filetes de hígado en un recipiente. Cúbralos con el zumo de naranja y déjelo macerar 2 horas.

A continuación, retire el hígado del zumo y séquelo ligeramente. Sazónelo con sal y pimienta y páselo por harina.

Seguidamente, caliente el aceite en una sartén y fría el hígado enharinado. Póngalo en una fuente y resérvelo aparte. Agregue la cebolla al aceite que haya quedado en la sartén y rehogue la cebolla hasta que esté ligeramente dorada. Agregue el zumo donde maceró el hígado, y cuando comience a hervir, incorpore la nata y cocine todo revolviendo, hasta que la salsa espese un poco.

Por último, coloque de nuevo el hígado en la sartén, incorpore los gajos de naranja, deje que dé todo junto un hervor y sírvalo con puré de patatas o al gusto.

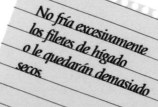

No fría excesivamente los filetes de hígado o le quedarán demasiado secos.

| Tiempo de realización: 25 minutos | Calorías por ración: 373 |

Ossobuco

Ingredientes para 6 personas:

6 piezas de ossobuco de ternera (añojo, becerra, mamón)
2 cucharadas de harina
70 g de manteca de cerdo (cochino, chancho)
2 ramas de apio (celeri) picadas
2 zanahorias cortadas en rodajas
4 cucharadas de tomate (jitomate) frito
200 g de tomate (jitomate) triturado
1 copa de vino blanco, seco
1 taza de caldo
1 pizca de mejorana
1 pizca de tomillo
Sal y pimienta

Sazone los ossobucos con sal y pimienta y enharínelos.

A continuación, caliente la manteca en una cacerola al fuego y fría los ossobucos. Cuando estén dorados, añada a la cacerola el apio, las zanahorias, el tomate frito y el triturado. Sazone con sal y pimienta y cocine todo junto durante 10 minutos.

Seguidamente, incorpore a la cacerola el vino y el caldo. Condimente con la mejorana y el tomillo, tape la cacerola y cocine todo a fuego lento durante 2 horas.

Por último, retire las piezas de carne de la cacerola, colóquelas en una fuente de servir, deje hervir unos minutos más la salsa, viértala por encima de la carne y sírvala acompañándola si lo desea con arroz blanco.

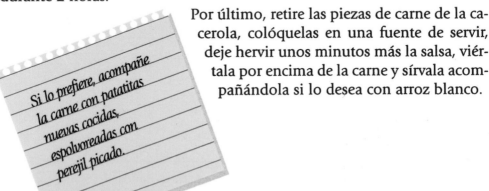

Si lo prefiere, acompañe la carne con patatitas nuevas cocidas, espolvoreadas con perejil picado.

Tiempo de realización: 2 horas 20 minutos   Calorías por ración: 451

Chuletas con salsa de fresas

Ingredientes para 4 personas:
16 chuletitas de cordero
2 cucharadas de mantequilla
1 cebolla pequeña, picada
250 g de fresas (frutillas)
1 cucharada de vinagre
1 pizca de azúcar
Sal y pimienta

Caliente 1 cucharada de mantequilla en un cazo y rehogue la cebolla a fuego lento hasta que esté transparente. Agregue las fresas y cocínelas, sin dejar de revolver, hasta que estén muy blanditas y casi desechas. Incorpore el vinagre, el azúcar y sal y pimienta y revuelva todo bien.

A continuación, vierta la preparación anterior en la batidora y bátala hasta obtener un puré. Viértala de nuevo en el cazo.

Seguidamente, caliente la mantequilla restante en una sartén, sazone las chuletas con sal y pimienta y fríalas a fuego fuerte hasta que estén bien doradas.

Por último, reparta las chuletas en platos de servir, caliente la salsa y ponga un poco en el centro de cada plato. Si lo desea, sirva el plato con patatas.

Cuando fría las chuletas no las sale hasta que estén casi listas. Se conservarán más jugosas.

Tiempo de realización: 30 minutos   Calorías por ración: 524

120

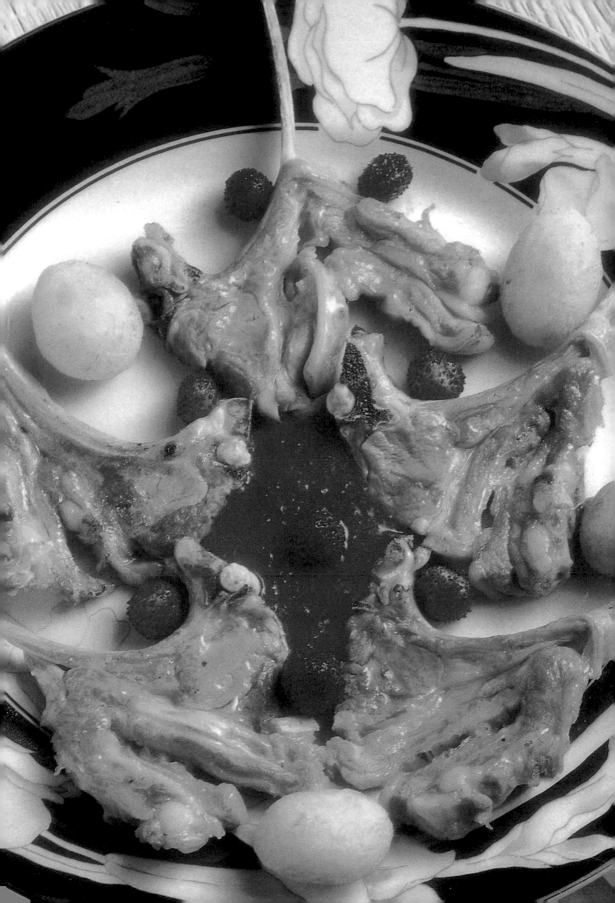

Entrecote a la pimienta

Ingredientes para 4 personas:
4 filetes de lomo de res (vaca)
1 cucharada de granos de pimienta verde
1 cucharada de salsa de soja
2 cucharadas de mostaza
2 cucharadas de aceite
1 cucharada de maicena (fécula de maíz)
1 taza de caldo
Sal

Vierta en el mortero los granos de pimienta y macháquelos ligeramente. Añada la salsa de soja y la mostaza y mezcle todo bien.

A continuación, ponga los filetes en una fuente y cúbralos con la mezcla preparada. Tape la fuente y déjelos macerar durante 1 hora.

Seguidamente, caliente el aceite y fría los filetes por ambos lados. Retírelos de la sartén, colóquelos en una fuente de servir y sálelos.

Por último, añada a la sartén la maicena y el caldo, cocine todo unos minutos hasta formar una salsa suave y homogénea, rocíe con ella los filetes y sírvalos con patatas fritas o al gusto.

Para conseguir un plato con una presentación más alegre utilice una mezcla de granos de pimienta verde, blanca y rosa a partes iguales.

Tiempo de realización: 15 minutos   Calorías por ración: 485

Envueltos de carne

Ingredientes para 4 personas:
- ✓ 8 filetes muy finos de cerdo (cochino, chancho) o de vaca (res)
- ✓ 8 lonchitas de jamón
- ✓ 2 cucharadas de tomate (jitomate) frito
- ✓ 1 cucharada de concentrado de carne
- ✓ 2 cucharadas de queso rallado
- ✓ 2 cucharadas de perejil picado
- ✓ Harina para enharinar
- ✓ 4 cucharadas de aceite
- ✓ 1 cebolla pequeña
- ✓ 1 copa de vino blanco
- ✓ Sal y pimienta negra recién molida

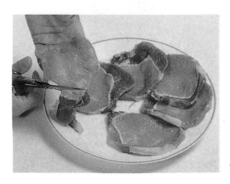

1

Corte los bordes de grasa de los filetes **(1)** y aplánelos para que queden muy finos. Sazónelos con sal y pimienta y colóquelos sobre una tabla.

A continuación, vierta en un recipiente el tomate frito, el concentrado de carne, el queso rallado y el perejil y revuelva hasta formar una pasta homogénea.

2

Seguidamente, ponga sobre cada filete una loncha de jamón y sobre ésta una cucharada del relleno anteriormente preparado **(2)**. Enrolle los filetes sobre sí mismos formando un rollito y sujételos con un palillo de madera para que el relleno no se salga.

3

Por último, pase los rollitos por harina y fríalos en el aceite caliente. Incorpore la cebolla y, cuando esté transparente, rocíe con el vino **(3)**. Tape y cocine todo a fuego muy lento durante unos 15 o 20 minutos. (Si se evapora demasiado el líquido de cocinar, agregue un poco de caldo de carne o agua). Sirva los envueltos con arroz blanco y su salsa.

Tiempo de realización: 40 minutos   Calorías por ración: 882

Lomo blanco

Ingredientes para 6 personas:
1 kg de lomo de cerdo (cochino, chancho) en un trozo
2 tazas de leche
1 cebolla rallada
1 cucharada de mantequilla derretida
1/2 cucharadita de tomillo
1 cucharadita de cilantro (coriandro, culantro)
1 cucharada de azúcar
3 hojas de laurel
1 copa de vino blanco
Sal y pimienta negra recién molida

Mezcle en un cuenco la leche, la cebolla, la mantequilla, el tomillo y el cilantro y sazone con sal y pimienta.

A continuación, coloque el lomo en una cazuela, cúbralo con la mezcla anterior y déjelo marinar 2 horas.

Seguidamente, incorpore el azúcar y el laurel. Ponga la cazuela al fuego y cocine la carne durante 1 1/2 horas, sin tapar y a fuego muy lento, dando la vuelta al lomo de vez en cuando.

Por último, 15 minutos antes de terminar el cocinado, incorpore el vino, tape la cazuela y termine el tiempo de cocinado. Cuando haya finalizado, retírelo del fuego, déjelo enfriar, córtelo en rodajas y sírvalo con la salsa por encima y acompañado de arroz blanco y aguacates.

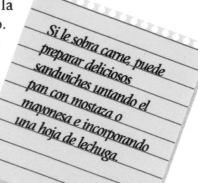

Si le sobra carne, puede preparar deliciosos sandwiches untando el pan con mostaza o mayonesa e incorporando una hoja de lechuga.

Tiempo de realización: 1 hora 30 minutos	Calorías por ración: 480

Asado regental

Ingredientes para 6 personas:
800 g de redondo o cadera (punta de anca) de vaca (res)
4 cucharadas de aceite
2 dientes de ajo
1 cucharadita de vinagre
1 taza de caldo de carne
1 copa de vino blanco
Sal y pimienta

Ate bien la carne para que no pierda la forma durante el cocinado y sazónela con sal y pimienta.

A continuación, caliente el aceite en una cazuela y dore la carne por todos los lados. Machaque los ajos en el mortero, añádales el vinagre, revuelva bien y viértalos sobre la carne.

Seguidamente, incorpore a la cazuela el caldo y el vino y cocine a fuego lento durante 1 hora o hasta que la carne esté tierna.

Por último, retire la carne de la cazuela, deje que se enfríe ligeramente, desátela y córtela en lonchas finas. Sírvala con su jugo, acompañándola con patatas o al gusto.

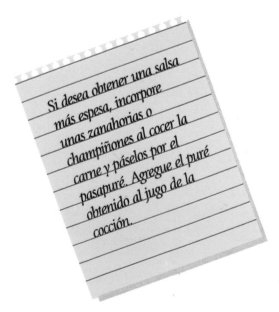

Si desea obtener una salsa más espesa, incorpore unas zanahorias o champiñones al cocer la carne y páselos por el pasapuré. Agregue el puré obtenido al jugo de la cocción.

Tiempo de realización: 1 hora 20 minutos   Calorías por ración: 324

Chuletas rellenas

Ingredientes para 4 personas:
4 chuletas de ternera (añojo, becerra, mamón) abiertas por la mitad
2 cucharadas de mantequilla
1 cebolla pequeña, picada
1/2 pimiento (pimentón) rojo, picado
1 pimiento (pimentón) verde, picado
100 g de granos de maíz (elote)
2 cucharadas de aceite
2 cucharadas de caldo
2 cucharadas de vino blanco
2 cucharadas de nata (crema de leche) líquida
Sal y pimienta negra

Caliente la mantequilla en una sartén y rehogue la mitad de la cebolla. Añada los pimientos y el maíz y cocine todo junto durante 10 minutos hasta que los pimientos estén tiernos. Retire la sartén del fuego.

A continuación, sazone las chuletas con sal y pimienta y rellénelas con el sofrito anterior bien escurrido de grasa.

Seguidamente, caliente el aceite en una sartén grande y fría las chuletas, teniendo mucho cuidado al darles la vuelta para que no se salga el relleno. Cuando estén bien doradas, retírelas de la sartén y resérvelas al calor.

Por último, rehogue la cebolla restante en la grasa de la sartén. Agréguele el caldo, el vino y la nata y cocine todo junto unos minutos. Cubra las chuletas con la salsa y sírvalas de inmediato, decorándolas al gusto.

Tiempo de realización: 25 minutos   Calorías por ración: 425

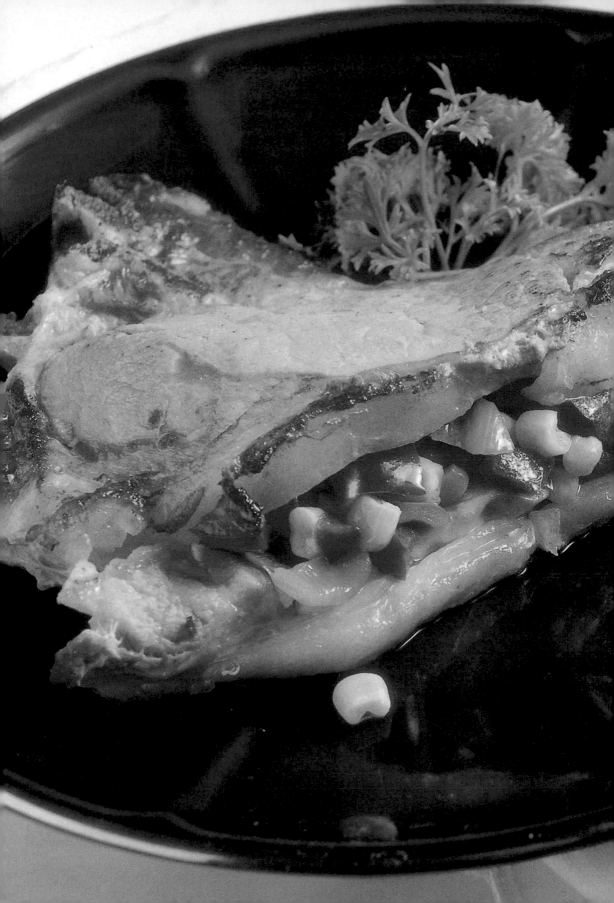

Cerdo a la polaca

Ingredientes para 4 personas:

500 g de carne de cerdo (cochino, chancho) cortada en taquitos
150 g de panceta (tocineta) ahumada, cortada en taquitos
100 g de salchichas blancas
100 ml de aceite
2 cebollas picadas
2 dientes de ajo picados
500 g de repollo (col) picado
100 g de champiñones (hongos, setas) troceados
4 cucharadas de tomate (jitomate) frito
1 cucharadita de cominos
1 cucharadita de mejorana
1/2 l de vino blanco
Sal

Caliente el aceite en una cacerola grande al fuego y sofría la carne junto con la panceta y las salchichas. Cuando todas estén bien sofritas, retírelas y resérvelas.

A continuación, rehogue las cebolla y los ajos en la grasa que haya quedado en la cacerola. Incorpore el repollo, los champiñones, el tomate frito, los cominos y la mejorana, revuelva todo bien y cocínelo a fuego muy lento hasta que el repollo esté tierno.

Seguidamente, incorpore al guiso las carnes sofritas y el vino. Sazone y cocine todo a fuego lento hasta que las carnes estén tiernas.

Por último, retire el preparado del fuego y sírvalo decorando los platos al gusto.

Tiempo de realización: 1 hora   Calorías por ración: 861

Solomillo con gambas

Ingredientes para 8 personas:

✓ 1 1/2 kg de solomillo (lomito, solomo) de vaca (res)
✓ 1 cucharada de aceite
✓ 1 cucharadita de azafrán (achiote, color) en polvo
✓ 1 cucharada de mantequilla
✓ 1 cebolla picada
✓ 1 diente de ajo picado
✓ 250 g de gambas (camarones) peladas
✓ 1 hoja de laurel
✓ 2 cucharadas de harina
✓ 1 taza de leche
✓ 1 tacita de caldo de pescado
✓ Sal y pimienta

1

2

3

Ate la carne para que no pierda la forma, póngala en una fuente y condiméntela con el aceite mezclado con el azafrán, sal y pimienta (**1**). Introdúzcala en el horno, precalentado a 190° C (375° F), durante 1 hora.

Mientras tanto, caliente la mantequilla y fría la cebolla y el ajo. Agregue las gambas (**2**) y sofríalas durante 2 minutos. Retírelas y resérvelas aparte.

A continuación, agregue a la sartén el laurel, la harina disuelta en la leche (**3**) y sal y cocine hasta que la salsa comience a espesar.

Seguidamente, cuando la carne esté tierna, retírela de la fuente y vierta en ésta el caldo de pescado y la salsa blanca previamente colada. Revuelva bien, incorpore las gambas y cocine todo junto durante 5 minutos.

Por último, corte el solomillo en lonchas y sírvalo acompañado con la salsa de gambas por encima y arroz blanco.

Tiempo de realización: 1 hora	Calorías por ración: 264

Chuletas de cordero rebozadas

Ingredientes para 4 personas:
12 chuletas de cordero con palo
1 cucharada de perejil finamente picado
1 diente de ajo prensado
100 g de pan rallado (molido)
1 huevo
Abundante aceite para freír
Sal y pimienta molida

Mezcle en un cuenco el perejil y el ajo. Sazone las chuletas, embadúrnelas bien con la mezcla de perejil y ajo y déjelas macerar durante 1 hora.

A continuación, caliente abundante aceite en una sartén y, mientras tanto, vierta el pan en un plato y en otro bata el huevo.

Seguidamente, pase las chuletas por el huevo y después por el pan rallado y fríalas en el aceite caliente hasta que estén bien doradas.

Por último, déjelas escurrir sobre papel absorbente de cocina y sírvalas con ensalada o al gusto.

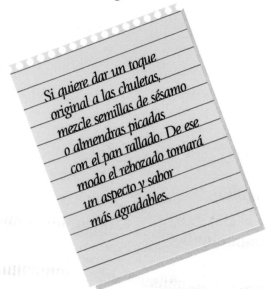

Si quiere dar un toque original a las chuletas, mezcle semillas de sésamo o almendras picadas con el pan rallado. De ese modo el rebozado tomará un aspecto y sabor más agradables.

Tiempo de realización: 15 minutos   Calorías por ración: 724

Solomillo a la oriental

Ingredientes para 4 personas:
*4 filetes de solomillo (lomito, solomito) de
vaca (res) de 2 o 3 cm de grosor
3 cucharadas de aceite
1 cucharada de salsa de soja
1 cucharada de jerez seco
1 ramita de romero
Sal y pimienta negra*

Caliente 1 cucharada de aceite en una sartén grande y fría los solomillos, dorándolos por ambos lados. Retírelos, sazónelos con sal y pimienta y resérvelos al calor.

A continuación, agregue a la sartén el aceite restante, la salsa de soja, el jerez y el romero y cocine todo junto durante unos minutos.

Por último, vierta la salsa obtenida sobre la carne y sírvala acompañándola con ensalada, arroz blanco, patatas fritas o al gusto.

Para un toque más exótico, incorpore una cucharada de brotes de bambú por cada filete, 2 minutos antes de terminar la cocción de la salsa.

Tiempo de realización: 15 minutos	Calorías por ración: 331

Cabrito en adobo

Ingredientes para 4 personas:
1 kg de cabrito joven y su hígado troceado
4 dientes de ajo
Sal gruesa
Orégano, tomillo, cominos, chile y pimienta al gusto
1 rebanada de pan de molde (caja)
1 copita de vinagre
6 cucharadas de aceite
1 cebolla grande, picada
1 copita de vino blanco seco
1 hoja de laurel
Sal

Vierta en la batidora los ajos junto con la sal gruesa, las hierbas al gusto y la pimienta. Agregue la miga de pan remojada en el vinagre y el hígado del cabrito, previamente frito. Bata todo bien y unte los trozos de carne con esta mezcla. Deje macerar durante 24 horas en el frigorífico.

A continuación, ponga la carne en un colador grande y déjela escurrir. Reserve todo el líquido que suelte.

Seguidamente, caliente el aceite en una cazuela, añada el cabrito escurrido y dórelo por todos los lados.

Por último, incorpore a la cazuela la cebolla, el vino, el laurel y el líquido reservado. Tápela y cocine todo a fuego lento durante 45 minutos o hasta que la carne esté tierna. Sírvala con verduras rehogadas o al gusto.

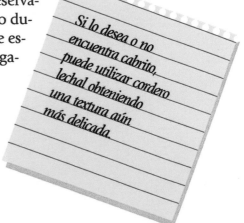

Si lo desea o no encuentra cabrito, puede utilizar cordero lechal obteniendo una textura aún más delicada.

Tiempo de realización: 50 minutos   Calorías por ración:716

Cochinillo asado

Ingredientes para 6 personas:
1 cochinillo de 3 semanas (alrededor de 3 kg)
2 cucharadas de manteca
1 copa de vino blanco
1 taza de agua
Sal y pimienta

Unte el cochinillo por todos los lados con la manteca. Sazónelo con sal y pimienta y colóquelo abierto, boca arriba, en una bandeja de horno en la que se habrá puesto el vino y el agua.

A continuación, introduzca la bandeja en el horno, precalentado a 150° C (300° F) y cocínelo durante 45 minutos. Retire el exceso de grasa fundida de la bandeja y hornéelo otros 30 minutos.

Seguidamente, retírelo del horno, déle la vuelta y cocínelo otros 45 minutos más hasta que esté dorado y crujiente. Durante el tiempo de cocción, conviene pincharlo repetidas veces para que quede muy crujiente y sin bolsas de aire.

Por último, retire el cochinillo del horno y sírvalo acompañado de ensalada o al gusto.

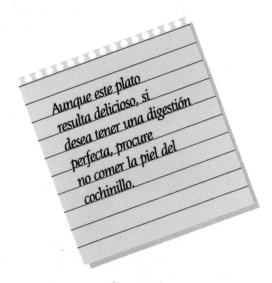

Aunque este plato resulta delicioso, si desea tener una digestión perfecta, procure no comer la piel del cochinillo.

Tiempo de realización: 2 horas	Calorías por ración: 686

Albondigón

Ingredientes para 6 personas:

✓ 750 g de carne de vaca (res) picada
✓ 250 g de carne de cerdo (cochino, chancho) picada
✓ 125 g de tocino (tocineta) picado
✓ 100 g de pan rallado (molido)
✓ 2 huevos ligeramente batidos
✓ 1 cucharadita de mostaza
✓ 100 g de tomate (jitomate) frito con cebolla
✓ 1 cucharadita de especias mixtas molidas
✓ 2 huevos duros
✓ 1 zanahoria cortada en tiritas
✓ 4 judías verdes (habichuelas) cortadas en tiritas
✓ 250 g de pasta de hojaldre
✓ Sal y pimienta

1

2

Vierta en un recipiente las carnes, el tocino, el pan y los huevos. Mezcle todo bien y añada la mostaza, el tomate (1) y las especias. Sazone con sal y pimienta y extienda la mezcla sobre una tabla. Ponga en el centro los huevos duros, la zanahoria y las judías verdes (2) y déle forma. Cierre bien el albondigón, envuélvalo en un lienzo, átelo y cocínelo al vapor durante 1 hora.

3

A continuación, extienda la pasta de hojaldre con un rodillo, ponga en el centro el albondigón (3), cierre el hojaldre y colóquelo sobre una bandeja de horno, con la unión hacia abajo.

Por último, introdúzcalo en el horno, precalentado a 180° C (350° F) y cocine hasta que la masa esté bien dorada. Sírvalo en rebanadas acompañado con ensalada.

Tiempo de realización: 1 hora 30 minutos   Calorías por ración: 573

Solomillos de cerdo

Ingredientes para 4 personas:
2 solomillos (lomito, solomito) de cerdo (cochino, chancho)
2 cucharadas de harina
4 cucharadas de aceite
3 chalotas picadas
1 copa de vino de Oporto
1 hoja de laurel
1 ramita de tomillo
Sal y pimienta

Lave los solomillos, séquelos con papel absorbente y córtelos en rodajas gruesas. Sazónelos con sal y pimienta y enharínelos muy ligeramente.

A continuación, caliente el aceite en una cacerola o sartén grande y fría los solomillos por ambos lados.

Seguidamente, agregue las chalotas y rehóguelas junto con la carne hasta que estén transparentes. Rocíe con el vino, agregue el laurel y el tomillo desmenuzados y cocine todo junto con la cacerola tapada, durante 2 o 3 minutos.

Por último, retire la carne de la cacerola, resérvela al calor y pase la salsa por un chino. Sirva la carne con la salsa por encima y acompañada con verduras al vapor.

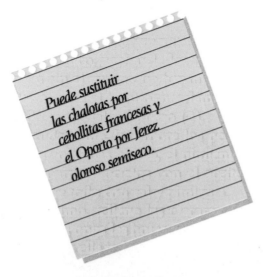

Puede sustituir las chalotas por cebollitas francesas y el Oporto por Jerez oloroso semiseco.

Tiempo de realización: 20 minutos · **Calorías por ración: 541**

Pierna de cordero al Oporto

Ingredientes para 4 personas:
1 pierna (pernil) de cordero deshuesada
1 diente de ajo prensado
La miga de 1 rebanada de pan, desmenuzada
2 cucharadas de pasas (uvas pasas) puestas en remojo
2 cucharadas de brandy (cognac)
1 huevo
El zumo (jugo) de 1 limón
4 cucharadas de aceite
1 cebolla cortada en aros finos
1 copa de Oporto
1 cucharada de perejil fresco, picado
1 hoja de laurel
1 pizca de tomillo
Sal y pimienta

Vierta en un cuenco el ajo, el pan, las pasas escurridas, el brandy y el huevo. Sazone todo con sal y pimienta, mézclelo bien y rellene la pierna de cordero con este preparado.

A continuación, póngala en una fuente de asar y rocíela con el zumo de limón. Déjela reposar durante 1 hora.

Seguidamente, caliente el aceite en una sartén y rehogue la cebolla durante 3 o 4 minutos. Añádale el Oporto, el perejil, el laurel y el tomillo y revuelva todo bien.

Por último, vierta el preparado anterior sobre la pierna de cordero e introduzca la fuente en el horno, precalentado a 180° C (350° F), durante 1 hora o hasta que la carne esté tierna. Sírvala con patatas o al gusto.

Tiempo de realización: 1 hora 30 minutos   Calorías por ración: 545

Rollo de carne

Ingredientes para 4 personas:
750 g de carne de vaca (res) picada
1 huevo
1/2 copa de vino blanco, seco
100 g de queso parmesano, rallado
La miga de 1 rebanada de pan, desmenuzada
2 manojos de berros bien limpios y picados
2 cucharadas de aceite
1 cucharadita de tomillo en polvo
2 cucharadas de pan rallado (molido)
6 cucharadas de salsa de tomate (jitomate)
1 cucharadita de orégano en polvo
Sal y pimienta

Bata el huevo, sazónelo con sal y pimienta, agréguele el vino, la mitad del queso, la miga de pan y revuelva. Incorpore la carne, mezcle todo bien y déjelo reposar durante 2 horas.

A continuación, ponga en un cuenco los berros, el aceite, el tomillo, el pan rallado y sal y mezcle todo bien.

Seguidamente, divida la carne en 3 partes. Engrase un molde rectangular con un poco de aceite y cubra el fondo del molde con 1 parte de carne. Coloque sobre ella la mitad de la mezcla de berros y cúbralos con otra parte de carne. Repita la operación poniendo berros y termine con carne. Cubra el preparado con el queso restante y la salsa de tomate aromatizada con el orégano, e introduzca el molde en el horno, precalentado a 180° C (350° F), durante 40 o 50 minutos.

Por último, retire el molde del horno, desmolde y sirva la carne cortada en rebanadas y acompañada de ensalada.

Tiempo de realización: 1 hora	Calorías por ración: 475

Cordero asado

Ingredientes para 4 personas:
1 pierna (pernil) de cordero de 1 1/2 kg aproximadamente
1 diente de ajo grande
1 cucharada de manteca de cerdo
1 cucharadita de orégano
1 cucharada de perejil picado
1 vaso de vino blanco, seco
1/2 taza de caldo de carne
500 g de patatas (papas) pequeñas, peladas
Aceite para freír
Sal y pimienta

Haga unos cortes al diente de ajo y frótelo por toda la pierna de cordero. Sazónela con sal y pimienta y úntela con la manteca.

A continuación, colóquela en una fuente de barro y espolvoréela con el orégano y el perejil. Mezcle el vino y el caldo y rocíelos sobre la carne.

Seguidamente, introduzca la fuente en el horno, precalentado a 250° C (475° F), durante 1 hora o hasta que el cordero esté en su punto, rociándolo frecuentemente con el líquido de cocción.

Mientras tanto, caliente el aceite y fría las patatas hasta que comiencen a dorarse.

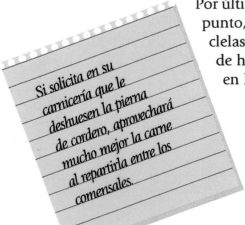

Si solicita en su carnicería que le deshuesen la pierna de cordero, aprovechará mucho mejor la carne al repartirla entre los comensales.

Por último, cuando el cordero esté casi en su punto, agregue las patatas a la fuente, mézclelas con el líquido de cocción y termine de hornear el plato. Sírvalo muy caliente en la misma fuente.

Tiempo de realización: 1 hora 30 minutos   Calorías por ración: 745

Pastel de carne

Ingredientes para 6 personas:

✓ 500 g de carne de vaca (res) picada
✓ 500 g de carne de cerdo (cochino, chancho) picada
✓ 3 cucharadas de aceite
✓ 2 cebollas picadas
✓ 1 cucharada de perejil picado
✓ 1 cucharada de cilantro (coriandro, culantro) picado
✓ 1 pimiento (pimentón) verde, picado
✓ 1/2 cucharadita de azafrán (achiote, color) en polvo
✓ 1/2 cucharadita de nuez moscada
✓ 2 cucharadas de salsa inglesa
✓ 200 g de guisantes (arvejas, chícharos) cocidos
✓ 1 taza de leche
✓ 500 g de tomate (jitomates) cortados en rodajas
✓ Sal y pimienta

1

2

3

Caliente el aceite en una sartén y rehogue las cebollas junto con el perejil, el cilantro y el pimiento. Agregue el azafrán y revuelva todo bien.

A continuación, vierta las carnes en un recipiente grande. Añádales el sofrito preparado (1) y condiméntelas con la nuez moscada, la salsa inglesa, sal y pimienta. Incorpore los guisantes y la leche (2) y mezcle todo bien.

Seguidamente, vierta la mezcla en una fuente refractaria, previamente engrasada. Divida la carne en porciones como si fuera a servirla y coloque una rodaja de tomate encima de cada porción (3).

Por último, introdúzcala en el horno, precalentado a 250° C (475° F), y cocínela hasta que la carne esté bien hecha y la superficie dorada.

Tiempo de realización: 1 hora	Calorías por ración: 339

Aleta rellena

Ingredientes para 4 personas:
1 kg de aleta de ternera (añojo, becerra, mamón)
2 huevos
50 g de jamón de York en 1 loncha
1 cucharadita de albahaca en polvo
1 cucharadita de perejil picado
4 cucharadas de aceite
1 cebolla picada
1 diente de ajo
1 zanahoria en rodajas
1 copa de vino
1/2 cucharada de concentrado de carne
1 taza de caldo de carne
Sal y pimienta

Bata los huevos y prepare una tortilla francesa, bien plana.

A continuación, abra la carne dejándola lo más fina posible. Ponga en el centro la tortilla y el jamón. Sazónela con la albahaca, el perejil, sal y pimienta y enróllela sobre sí misma. Átela bien para que no se salga el relleno.

Seguidamente, caliente el aceite en una cacerola y dore la aleta, dándole la vuelta para que quede dorada por todos los lados. Retírela de la cacerola y en el mismo aceite, rehogue la cebolla junto con el ajo y la zanahoria. Ponga de nuevo la carne en la cacerola, agregue el vino, el concentrado de carne y el caldo y cocine durante 45 minutos o hasta que esté tierna.

Por último, retire la carne de la cacerola, desátela y córtela en rodajas. Pase la salsa por el chino y sirva la carne con ensalada y la salsa, muy caliente, en salsera aparte.

Tiempo de realización: 1 hora 15 minutos   Calorías por ración: 674

Lengua con alcaparras

Ingredientes para 6 personas:
1 lengua de ternera (añojo, becerra, mamon)
1 cucharadita de bicarbonato
1 cebolla picada
3 dientes de ajo
1 hoja de laurel
3 cucharadas de mantequilla
2 cucharadas de harina
1 taza de leche
5 cucharadas de alcaparras
1 cucharada de perejil
100 g de granos de maíz (elote) cocinado
Sal y pimienta

Limpie bien la lengua y cocínela en una olla con agua y bicarbonato durante 10 minutos aproximadamente. Retírela del agua, déjela enfriar ligeramente y, con ayuda de un cuchillo, pélela bien, quitando todas las partes duras.

A continuación, póngala de nuevo en la olla, añada la cebolla, los ajos y el laurel, sazone todo y cocínelo durante 3 horas hasta que la lengua esté bien tierna. Retírela del caldo y córtela en rebanadas. Colóquelas en una fuente de servir y reserve aparte.

Seguidamente, derrita la mantequilla en una sartén y agregue la harina disuelta en la leche. Revuelva bien, añada 1 taza del caldo en que se cocinó la lengua y cocine a fuego lento hasta que espese ligeramente. Incorpore la mitad de las alcaparras picadas y las restantes enteras y rectifique la sazón.

Por último, vierta la salsa por encima de la lengua, decórela con el perejil y el maíz y sirva bien caliente.

Tiempo de realización: 3 horas 30 minutos   Calorías por ración: 447

Cerdo agridulce

Ingredientes para 4 personas:

750 g de carne de cerdo (cochino, chancho) cortada en dados
1 cucharada de mantequilla
1 cebolla mediana, cortada en aros
1 lata de 250 g de piña (ananá) al natural
2 cucharadas de vinagre
4 cucharadas de salsa de soja
25 g de maicena (fécula de maíz)
1/2 pimiento (pimentón) rojo, cortado en tiras
Sal y pimienta

Derrita la mantequilla en una cacerola y rehogue la cebolla hasta que esté transparente. Agregue la carne y sofríala.

A continuación, escurra el líquido de la lata de piña, vertiéndolo en una jarra medidora. Agréguele el vinagre y la salsa de soja e incorpore agua hasta obtener 600 ml.

Seguidamente, diluya la maicena en un poco del líquido preparado y viértalo sobre la carne. Rocíe todo con el líquido, sazone con sal y pimienta y revuelva bien. Tape la cacerola y cocine a fuego lento durante 50 o 55 minutos hasta que la carne esté tierna.

Mientras tanto, corte los aros de piña en 4 trozos y agréguelos a la carne en mitad de la cocción.

Por último, sirva la carne decorándola con el pimiento y acompañada de arroz blanco o tallarines.

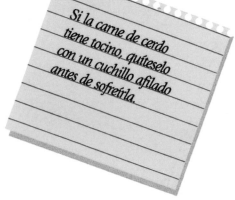

Si la carne de cerdo tiene tocino, quíteselo con un cuchillo afilado antes de sofreírla.

Tiempo de realización: 1 hora 10 minutos   Calorías por ración: 357

Caldereta de cordero

Ingredientes para 4 personas:
1 kg de carne de cordero cortada en trozos
1 hoja de laurel
6 cucharadas de aceite
1 cebolla picada
3 dientes de ajo
1 pimiento (pimentón) verde, cortado en trozos
1/2 pimiento (pimentón) rojo, cortado en trozos
2 tomates (jitomates) pelados y picados
2 zanahorias cortadas en rodajas
1/2 cucharada de pimentón dulce
1/2 cucharadita de cominos
6 granos de pimienta negra
1/2 vasito de vino blanco, seco
Sal

Ponga el cordero junto con el laurel en una cazuela, cúbralo con agua fría, póngalo al fuego y cuando rompa a hervir, retire la espuma con una espumadera. Cocínelo a fuego lento durante 1 hora.

Mientras tanto, caliente el aceite en una sartén y rehogue la cebolla junto con 2 ajos picados. Añada los pimientos, los tomates y las zanahorias y cocine todo durante 20 minutos.

A continuación, machaque en un mortero el ajo restante junto con el pimentón, los cominos, la pimienta y sal.

Seguidamente, incorpore el sofrito a la cazuela con el cordero, junto con el majado y el vino y cocine todo junto durante 45 minutos o hasta que la carne esté bien tierna.

Por último, retire la caldereta del fuego, rectifique la sazón y sírvala bien caliente acompañada de patatas fritas.

Tiempo de realización: 1 hora 45 minutos   Calorías por ración: 696

Pierna de cordero con arroz

Ingredientes para 4 personas:

✓ 1 pierna (pernil) de cordero deshuesada

✓ 3 cucharadas de aceite

✓ 1 cucharada de manteca

✓ 1 cebolla grande, picada

✓ 1 diente de ajo picado

✓ 1 nabo (arracacha, coyoche, papanabo) cortado en dados grandes

✓ 1 zanahoria cortada en dados

✓ 3 tazas de caldo

✓ 1 taza de arroz

✓ 2 cucharaditas de menta fresca picada

✓ 1 cucharadita de salvia

✓ Sal y pimienta

1

2

Ate fuertemente la pierna de cordero deshuesada con un poco de cuerda para que no pierda la forma y sazónela con sal y pimienta.

A continuación, caliente el aceite junto con la manteca en una olla grande y dore la carne a fuego fuerte, dándole varias vueltas (1). Añada la cebolla, el ajo, el nabo, la zanahoria (2) y 1 taza de caldo. Tape el recipiente y cocine todo durante aproximadamente 1 1/2 horas.

3

Seguidamente, agregue el caldo restante hirviendo, el arroz (3) y las hierbas aromáticas. Rectifique la sazón y cocínelo hasta que el arroz esté en su punto.

Por último, corte la carne en rebanadas gruesas y sírvala con el arroz y las verduras.

Tiempo de realización: 2 horas	Calorías por ración: 837

Lomo de cerdo con cerezas

Ingredientes para 4 personas:
750 g de lomo de cerdo (cochino, chancho) en un trozo
3 cucharadas de aceite
2 puerros (poros) picados
1 tomate (jitomate) maduro, picado
1 copa de Oporto
1 taza de caldo de verduras
500 g de cerezas
1 cucharada de mermelada de cereza
Sal y pimienta

Lave la pieza de carne y séquela con papel absorbente. Átela procurando que quede bien apretada para que no pierda su forma y sazónela con sal y pimienta.

A continuación, caliente el aceite en una cacerola y fría la carne a fuego lento hasta que esté bien dorada por todos los lados.

Seguidamente, incorpore a la cacerola los puerros y el tomate, rehogándolos hasta que los puerros estén transparentes. Rocíe con el vino dejándolo cocer unos minutos y agregue el caldo. Tape y cocine todo junto durante 30 minutos.

Mientras tanto, lave y deshuese las cerezas. Bata la mitad en la batidora, agréguelas a la carne junto con la mermelada y termine la cocción.

Por último, retire la carne de la cacerola y pase la salsa por el chino. Incorpore las cerezas reservadas y cocínelas durante 10 minutos mientras desata la carne y la corta en rodajas.

Tiempo de realización: 50 minutos   Calorías por ración: 629

Redondo en salsa

Ingredientes para 4 personas:

800 g de redondo (punta de anca) de ternera (añojo, becerra, mamón)
4 cucharadas de aceite
Harina para enharinar
1 cebolla grande, cortada en aros
3 tomates (jitomates) maduros, pelados y picados
500 g de zanahorias cortadas en rodajas
200 g de aceitunas (olivas) verdes, deshuesadas y cortadas por la mitad
1 vaso de vino blanco, seco
1 cubito de caldo de carne
Sal y pimienta

Caliente el aceite en una cacerola y dore la carne por todos los lados. Retírela y resérvela aparte.

A continuación, en el mismo aceite, rehogue la cebolla y los tomates durante unos minutos. Incorpore de nuevo la carne a la cacerola y añada las zanahorias y las aceitunas. Cubra la carne con agua e incorpore el vino y el cubito de carne, desmenuzado. Sazone todo con sal y pimienta, tape la cacerola y cocínelo a fuego lento, durante 1 hora o hasta que la carne esté muy tierna.

Por último, retire la carne de la cacerola, córtela en rodajas no muy delgadas y sírvala bien caliente con su salsa.

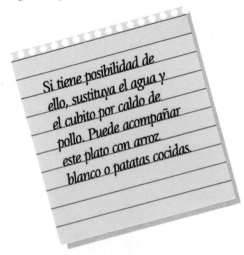

Si tiene posibilidad de ello, sustituya el agua y el cubito por caldo de pollo. Puede acompañar este plato con arroz blanco o patatas cocidas.

Tiempo de realización: 1 hora 45 minutos   Calorías por ración: 546

Carré de cordero

Ingredientes para 4 personas:
1 kg de costillar de cordero en una pieza
100 ml de aceite
1 cebolla mediana, picada
2 dientes de ajo picados
50 g de champiñones (hongos, setas) troceados
1 cucharada de tomate (jitomate) frito
1 tacita de caldo de carne
1 copa de jerez
Sal y pimienta

Ponga el costillar en una fuente refractaria, sazónelo con sal y pimienta y rocíelo con la mitad del aceite. Introduzca la fuente en el horno, precalentado a 190° C (375° F), durante 30 minutos.

Mientras tanto, caliente el aceite restante en una sartén y rehogue la cebolla y los ajos durante unos minutos. Incorpore los champiñones y cocine todo junto durante 5 minutos.

A continuación, cuando la carne esté tierna, retírela del horno y resérvela.

Seguidamente, agregue a la fuente el sofrito preparado, el tomate, el vino y el caldo. Ponga la fuente al fuego y cocine todo junto, revolviendo con una cuchara de madera para que se mezclen bien los sabores.

Por último, retire los champiñones de la salsa y pase ésta por un chino. Sirva el costillar con los champiñones y la salsa, muy caliente, en salsera aparte. Puede acompañarlo con patatas fritas.

Tiempo de realización: 45 minutos   Calorías por ración: 896

Codillo con repollo

Ingredientes para 4 personas:
2 codillos de cerdo (cochino, chancho)
3 cucharadas de aceite
1 cebolla mediana, picada
3 dientes de ajo picados
1 kg de repollo (col) cortado en tiras finas
1 hoja de laurel
100 g de tocino (tocineta) entreverado
1 copa de vino blanco
10-12 granos de pimienta rosa
Sal

Ponga los codillos en remojo el día anterior. Cuando los vaya a cocinar, escúrralos y resérvelos.

Caliente el aceite en una cacerola grande y rehogue la cebolla y los ajos hasta que la cebolla esté transparente.

A continuación, agregue a la cacerola los codillos y el repollo junto con el laurel, el tocino, el vino y la pimienta.

Seguidamente, incorpore 1 taza de agua o caldo de carne, tape todo y cocínelo a fuego muy lento durante 2 horas o hasta que los codillos estén muy tiernos.

Por último, rectifique la sazón si fuera necesario y sírvalo bien caliente.

Vigile el guiso durante la cocción para que no quede muy seco. Revuelva el repollo varias veces con una cuchara de madera y agregue más agua o caldo si fuera necesario.

Tiempo de realización: 2 horas 15 minutos   Calorías por ración: 876

Patitas de cerdo guisadas

Ingredientes para 6 personas:

✓ 2 kg de patitas (paticas) de cerdo (cochino, chancho)
✓ 2 limones
✓ 100 ml de aceite
✓ 3 dientes de ajo picados
✓ 1 cebolla picada
✓ 500 g de tomates (jitomates) pelados y picados
✓ 1 cucharadita de guindilla (ají) picante, picada
✓ 1 pimiento (pimentón) rojo, picado
✓ 1/2 cucharadita de pimienta negra, molida
✓ 2 1/2 tazas de agua
✓ Sal

Pase las patitas por la llama para chamuscar los pelos, frótelas bien con los limones y lávelas. Póngalas en una olla a presión, cúbralas con agua (1) y cocínelas durante 30 minutos. Retírelas del fuego, déjelas enfriar, abra la olla, escurra el líquido y trocee las patitas.

Mientras tanto, caliente el aceite en una sartén y rehogue los ajos y la cebolla hasta que esta última esté transparente. Incorpore los tomates (2), la guindilla, el pimiento y la pimienta. Sazone ligeramente y cocine todo junto durante 10 minutos.

A continuación, cuando las patitas estén cocidas y troceadas, póngalas de nuevo en la olla, agrégueles el agua y el sofrito (3), sálelas y cocínelas durante 30 minutos más o hasta que la salsa espese. Sírvalas con arroz blanco o al gusto.

Tiempo de realización: 1 hora	Calorías por ración: 1 095

Lomo de cerdo relleno

Ingredientes para 6 personas:
1 kg de lomo de cerdo (cochino, chancho) en un solo trozo
100 g de jamón picado
1 huevo
1 diente de ajo prensado
La miga de 1 rebanada de pan, desmenuzada
1 cucharada de perejil picado
1 cucharada de jerez seco
2 cucharadas de aceite
Sal y pimienta

Practique un corte en la pieza de carne, en sentido longitudinal, afine los extremos quitando un poco de carne y pique estos recortes.

A continuación, ponga la carne picada en un cuenco, agregue el jamón, el huevo, el ajo, el pan, el perejil, el jerez y sal y pimienta al gusto y mezcle todo bien.

Seguidamente, coloque el preparado anterior en el centro del lomo, reconstruya la pieza y átela para que no pierda su forma. Úntela con el aceite, sazónela con sal y pimienta y colóquela en una fuente refractaria.

Por último, introduzca la fuente en el horno, precalentado a 205º C (400º F), durante 20 minutos. Voltee el lomo y hornéelo 25 minutos más. Retírelo del horno, déjelo enfriar, desátelo y córtelo en rodajas.

Sírvalo con verduras cocidas al vapor o cualquier otro acompañamiento al gusto.

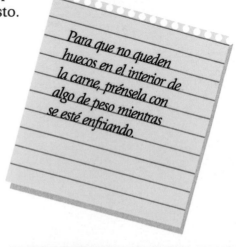

Para que no queden huecos en el interior de la carne, prénsela con algo de peso mientras se esté enfriando.

Tiempo de realización: 1 hora   Calorías por ración: 557

Hamburguesas

Ingredientes para 4 personas:
300 g de carne de ternera (añojo, becerra, mamón) picada
300 g de carne de cerdo (cochino, chancho) picada
1 huevo
1 cucharada de alcaparras picadas
1 pepinillo en vinagre, picado
Un chorrito de tabasco
1 cucharada de aceite
Sal

Bata el huevo en un cuenco, agréguele las carnes picadas, las alcaparras, el pepinillo, el tabasco y sal al gusto.

A continuación, mezcle todo bien, tape el cuenco con hoja plástica transparente y deje reposar el preparado en el frigorífico durante 30 minutos para que se mezclen los sabores.

Seguidamente, engrase una plancha con el aceite, forme 4 hamburguesas y dórelas en la plancha caliente, procurando que no queden demasiado hechas por dentro. Colóquelas en platos individuales y sírvalas con ensalada y si lo desea, con guacamole.

NOTA: Para preparar el guacamole, aplaste la pulpa de 1 aguacate con un tenedor. Agréguele el zumo de 1 limón, un trocito de cebolla finamente picado, 1 tomate pequeño finamente picado, un poquito de cilantro y sal. Mezcle todo bien y sírvalo con las hamburguesas.

Tiempo de realización: 15 minutos   Calorías por ración: 298

Hígado a las uvas

Ingredientes para 4 personas:
500 g de hígado de cordero cortado en filetes pequeños
2 cucharadas de aceite
150 g de uvas
2 cucharadas de concentrado de carne
1/2 taza de caldo
Sal y pimienta

Lave los filetes y séquelos con papel absorbente. Caliente el aceite en una sartén y fríalos ligeramente por ambos lados. Retírelos de la sartén, sazónelos con sal y pimienta y resérvelos.

A continuación, lave las uvas, pélelas y desgránelas. Incórporelas a la sartén con el aceite de freír el hígado y saltéelas durante unos minutos a fuego fuerte.

Seguidamente, añada el concentrado de carne y el caldo y cocine todo unos minutos para que el caldo reduzca.

Por último, incorpore los filetes de hígado, déles un breve hervor para que no queden muy secos por dentro y sírvalos acompañados de las uvas y su salsa.

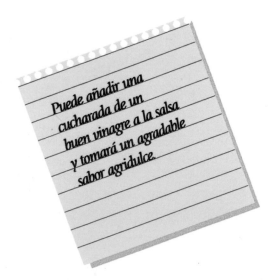

Puede añadir una cucharada de un buen vinagre a la salsa y tomará un agradable sabor agridulce.

Tiempo de realización: 15 minutos   Calorías por ración: 419

Brochetas de cerdo

Ingredientes para 4 personas:
500 g de magro de cerdo (cochino, chancho) cortado en dados
3 cucharadas de aceite
1 cucharadita de ralladura de naranja
El zumo (jugo) de 1/2 naranja
Mejorana, romero, tomillo, picados u otras hierbas
1 cucharada de salsa de soja
8 ciruelas pasas
4 lonchas de bacon (tocineta ahumada)
1 manzana roja, cortada en trozos
4 tomatitos (jitomates) de jardín, cortados por la mitad
50 g de brócoli (brécol) cocido
Sal y pimienta

Ponga en un cuenco el aceite, la ralladura y el zumo de naranja, las hierbas, la salsa de soja, sal y pimienta. Mezcle todo bien, agregue la carne, mézclelo de nuevo, cúbralo con hoja plástica transparente e introdúzcalo en el frigorífico durante 2 horas como mínimo.

Mientras tanto, deshuese las ciruelas y divida cada loncha de bacon en dos. Envuelva cada ciruela en media loncha de bacon.

A continuación, cuando haya transcurrido el tiempo de maceración, ensarte las brochetas alternando todos los ingredientes.

Por último, caliente una plancha engrasada con aceite y ase las brochetas, sazonándolas con sal y pimienta y dándoles varias vueltas para que se hagan por todos los lados. Sírvalas con ensalada si lo desea.

Tiempo de realización: 15 minutos   Calorías por ración: 486

Menestra de cordero

Ingredientes para 6 personas:

✓ 1/4 kg de cordero troceado
✓ 2 dientes de ajo picados
✓ 2 cucharadas de perejil picado
✓ 100 ml de aceite
✓ 100 g de jamón serrano picado
✓ 250 g de zanahorias cortadas en cuadraditos
✓ 1 cebolla grande, picada
✓ 1 cucharada de harina
✓ 250 ml de caldo de carne
✓ 1 copa de vino blanco, seco
✓ 500 g de patatas (papas)
✓ 300 g de guisantes (arvejas, chícharos)
✓ Sal y pimienta negra

1

2

3

Ponga el cordero en un recipiente de loza o cristal y añádale los ajos y el perejil picados (1). Sazónelo con sal y pimienta, mezcle bien y déjelo en maceración durante 1 hora.

Mientras tanto, caliente el aceite en una sartén y saltee el jamón y las zanahorias. Retírelos con una espumadera y viértalos en una cazuela.

A continuación, agregue el cordero a la sartén, dórelo y viértalo en la cazuela con las zanahorias y el jamón. En el mismo aceite, rehogue la cebolla, sofría la harina, incorpore el caldo sin dejar de revolver y añada todo al cordero.

Por último, rocíe con el vino (2), tape la cazuela y cocine todo a fuego lento unos 40 minutos. Incorpore las patatas, previamente fritas y los guisantes (3). Vuelva a tapar y cocine el preparado a fuego muy lento hasta que el cordero esté en su punto, aproximadamente 30 minutos más. Si el líquido de coccion reduce demasiado, añádale un poco más de caldo.

Tiempo de realización: 1 hora 30 minutos	Calorías por ración: 452

Riñones al jerez

Ingredientes para 4 personas:
750 g de riñones de ternera (añojo, becerra, mamón)
100 ml de aceite de oliva
1 diente de ajo picado
1 copa de jerez seco
1 cucharada de perejil picado
Sal

Limpie los riñones, séquelos, colóquelos sobre una tabla de madera y trocéelos.

A continuación, llene una cacerola con agua y póngala al fuego. Vierta los riñones troceados en un colador, introdúzcalo en la cacerola cuando el agua rompa a hervir y retírelo inmediatamente.

Seguidamente, caliente el aceite en una sartén. Sazone los riñones y añádales el ajo. Viértalos en el aceite bien caliente, fríalos, revolviendo con una cuchara de madera y rocíelos con la copa de jerez seco.

Por último, sin retirarlos del fuego todavía, espolvoréelos con el perejil y deje que se hagan lentamente unos 2 minutos más. Viértalos en una fuente y sírvalos bien calientes, acompañados de arroz blanco y decorados con perejil.

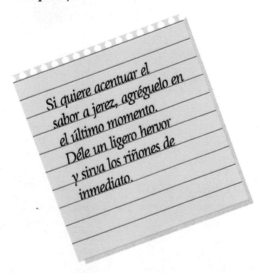

Si quiere acentuar el sabor a jerez, agréguelo en el último momento. Déle un ligero hervor y sirva los riñones de inmediato.

Tiempo de realización: 25 minutos   Calorías por ración: 469

186

Aves y caza

Las aves representan un factor importantísimo en el conjunto de los alimentos que consumimos de forma habitual. Además son piezas agradecidas que generalmente gustan a todo el mundo y tienen un buen aprovechamiento.

Los avances en la cría de las aves de corral han hecho posible –sobre todo en el caso de los pollos– un producto con calidad media estandarizada, un precio muy asequible y una carne rica en proteínas, de fácil digestión y asimilación. Las fórmulas de preparación de las aves son de una gran variedad, desde una sencillez total hasta las preparaciones más sofisticadas de los grandes chefs. En cuanto a la caza, tanto de pluma como de pelo, ha sido de siempre una fuente de proteínas para el consumo. En la actualidad, se obtienen en granjas la mayor parte de las variedades que antaño sólo existían en su forma salvaje. Esto ha permitido que su consumo sea posible durante todo el año, al mismo tiempo que se han hecho accesibles a un sector más amplio de la población y con un coste razonable. La preparación de la caza requiere técnicas algo complejas, pues sus carnes más broncas, y de pronunciado sabor, necesitan preparacio-

nes previas de marinado y procesos de cocinado que las hagan más tiernas y digestibles.

Las aves son una fuente de alimentación muy completa. Sus propiedades nutritivas son dignas de ser destacadas. El pollo por ejemplo, tiene 200 calorías por cada 100 g de carne con sólo 15 g de grasa y 18 g de proteínas. Aporta calcio, hierro, vitaminas del complejo B y un buen porcentaje de ácidos grasos no saturados, que son imprescindibles para el buen funcionamiento de nuestro organismo y que al no ser producidos de forma natural, deben incorporarse a través de la alimentación.

Las aves de corral deben consumirse lo más pronto posible, después de haber sido sacrificadas. Se pueden conservar sin problemas en el frigorífico durante 2 o 3 días, preferentemente tapadas. En el congelador de 3 estrellas, pueden conservarse un máximo de 6 meses. Si se adquieren ya congeladas, hay que tener mucho cuidado de que no se rompa la cadena de frío, y fijarse en la fecha de caducidad que necesariamente deberá aparecer en el envoltorio o en las etiquetas.

Hay algunas recomendaciones que deben seguirse antes de proceder con los di-

ferentes procesos de cocción. En el caso de las aves asadas, por ejemplo, deben lavarse, secarse y condimentarse con sal y especias frotadas por toda la piel con un ligero masaje. Cuando las aves que se asan tengan un tamaño considerable, conviene pincharlas durante el proceso de asado en las junturas de los muslos y el cuerpo. De esta

forma se facilitará que salga la grasa, utilizada posteriormente para regar el ave y de esta manera conseguir que quede más jugosa y con la piel dorada y crujiente. Para saber si un ave está asada, se la pincha con una aguja larga y se observa el líquido que sale. Si éste es rosado, necesitará todavía unos minutos adicionales de coc-

ción, y si fuese incoloro, significaría que ya está lista. A continuación es conveniente dejarla reposar unos minutos, preferentemente en el horno, caliente pero apagado, y cubierta con papel de aluminio.

Los guisos, por otro lado, producen resultados muy satisfactorios y permiten ofrecer platos muy completos y sabrosos si los combinamos con verduras y legumbres. Si los guisos se dejan reposar entre 12 y 24 horas, nos encontraremos que al calentarlos y servirlos no tendrán un sabor menos gustoso que recién hechos, sino todo lo contrario. También conviene señalar la conveniencia de albardillar, es decir envolver en tiras de tocino aquellas aves que por ser muy jóvenes tengan poca grasa.

A continuación pasaremos una breve revista a las aves más utilizadas en la cocina; prácticamente todas se pueden comprar frescas o congeladas, y aquéllas que se encuentran en estado silvestre, las podrá adquirir a lo largo de todo el año, procedentes de granja.

En primer lugar citaremos los picantones. Son pequeños pollitos que se suelen preparar al horno o guisados. Pasaremos a continuación al ave que mayor importancia tiene en cuanto a volumen de consumo, nos referimos naturalmente al pollo. Podemos distinguir tres tamaños básicos para su

comercialización. Citaremos en primer lugar los denominados pollos tomateros. Son los de menor consumo y se encuentran entre otros productos selectos en tiendas especializadas. Son aves de mes y medio de edad, con un peso inferior a los 500 g. Generalmente se utilizan para recetas en las que se asigna un pollo por persona, y requieren rellenos sabrosos aunque de textura delicada. Los pollos de tipo medio, con un peso aproximado de 800 a 900 g y menos de 3 meses de edad, tienen también la carne algo insípida, aunque su textura sea muy fina. Se utilizan preferentemente en preparaciones a la parrilla, con hierbas y especias y también empanados. Para los animales mayores, de 5 a 6 meses de edad y hasta 1 1/2 kg de peso, se reserva la preparación en asado. Estos últimos tienen un sabor más acentuado y una capa de grasa que les hace ser jugosos y sabrosos. También adquieren más sabor si se maceran y después se fríen.

Otra variedad de pollo muy apreciada es el capón. Se trata de un pollo que se castra cuando ha cumplido los 4 meses y antes de que cumpla los 5. A continuación, se le engorda con cereales seleccionados y llega a alcanzar los 5 kg e incluso algo más, aunque lo habitual es que pese alrededor de 3 kg. Su carne, delicada y sabrosa es muy apreciada y se utiliza con mayor profusión en las fechas navideñas. La gallina, que suele sacrificarse entre los 12 y los 24 meses y pesar alrededor de los 2 kg es injustamente menos apreciada, y generalmente se utiliza en guisos y para la preparación de caldos.

La pularda es una gallina joven de menos de un año de edad, que ha sido engordada en cautividad y escasez de movimiento, a base de arroz y otros cereales. Tiene una gruesa capa de grasa amarillenta que se funde en el proceso de cocinado y proporciona un exquisito sabor a su carne.

La pintada, menos conocida y de precio algo más elevado, es de origen africano y la textura de su carne es una especie de intermedio entre la suavidad de las aves de corral y la aspereza de las aves de caza. Generalmente pesa alrededor de 1 kg.

Pasaremos seguidamente a una de las aves más rentables y sabrosas. Nos referimos al pavo. Este es de origen americano, donde los descubridores lo encontraron en estado salvaje en el siglo XV, se cría en granjas en todos los países del mundo y puede alcanzar hasta 8 kg e incluso más. Hasta no hace mucho, su consumo estaba casi limitado a la época navideña, pero en la actualidad se come durante todo el año, pues a pesar de ser algo más caro que el pollo, resulta más aprovechable. Además también se pueden encontrar pavos congelados de excelente calidad. Suele prepararse entero, asado y, en muchas ocasiones, relleno, pero como también es posible adquirirlo troceado, principalmente los filetes de pechuga y los muslos, se utiliza en múltiples aplicaciones culinarias. Las hembras son más apreciadas por tener la carne mucho más tierna y delicada.

El pato tiene mayor cantidad de grasa que el pollo y por ello su aporte calórico es más elevado. Al cocinarlo, conviene retirar parte de la grasa que desprende, ya que puede resultar indigesta. Su peso oscila entre los 2 y los 2 1/2 kg.

La oca no se consume excesivamente, aunque tiene una carne deliciosa, sobre todo las piezas jóvenes que no sobrepasan los 5 kg de peso. Su contenido de grasa es también bastante alto y su sabor muy característico. Las pechugas se venden con frecuencia envasadas al vacío, y generalmente se preparan a la plancha, sin grasa y poco hechas. Con su hígado, engordado por procedimientos especiales, se prepara el exquisito foie-gras, apreciadísimo por los gastrónomos de todo el mundo.

Pasaremos ahora a las aves que se consideran caza de pluma, aunque la mayoría de las veces proceden de granjas.

En primer lugar, tenemos las codornices. Las salvajes rondan los 150 g y las de granja unos 200 o 250 g.

Como suelen tener una capa de grasa sobre su carne, quedan muy jugosas sin necesidad de albardillarlas. Las codornices suelen cocinarse en estofados o ser preparadas para escabeches.

Las perdices, con un peso ligeramente superior a 350 g deben reposar durante al menos 24 horas después de muertas y eliminadas sus vísceras. Sus preparaciones más habituales son estofadas, guisadas y en escabeche.

La paloma torcaz y los pichones son menos habituales. Su edad no debe superar los 2 meses, con un peso entorno a los 400 g. Se deben cocinar poco, de forma que su carne quede casi sangrante.

Por último, el faisán, que generalmente pesa alrededor de 1 kg. Su preparación más habitual es en guisado, en el caso de los animales adultos, y asados cuando son más jóvenes. Su carne, delicada aunque un poco seca, tiene un sabor muy característico que no debe enmascararse con salsas demasiado fuertes.

A continuación pasemos a comentar las especies más interesantes de la caza de pelo.

En primer lugar, citaremos el proceso de maduración de la caza, que una vez muerta debe reposar durante un período que oscilará entre 1 y 6 días, dependiendo de que se trate de una liebre, un corzo o un jabalí.

Los conejos que se comercializan en la mayor parte de los casos proceden de granjas. Es difícil encontrarlos silvestres en el mercado, pues la mayor parte de los cazadores utiliza sus presas para el consumo propio. Su peso generalmente no supera los 2 kg, aunque hay piezas mucho mayores.

La liebre, una de las piezas de caza menor más perseguidas, oscila entre los 5 y los 6 kg. Debe consumirse como mucho 24 horas después de haber sido matada.

El jabalí es otro de los animales más destacables de la caza de pelo. Su edad óptima para el consumo se sitúa entre los 12 y los 24 meses. Las recetas que se utilizan para el cerdo son en general también aplicables para el jabalí, aunque su carne es mucho más sabrosa.

Por último, mencionaremos brevemente a los cérvidos. Venados, corzos y ciervos son carnes muy apreciadas, de excelente sabor, y que contra lo que pueda suponerse no son excesivamente caras. Los más perseguidos son los jóvenes que no necesitan ser marinados.

Esta técnica que consiste en tener las carnes en maceración en diferentes mezclas, durante tiempos que oscilan entre las 12 y las 48 horas, está encaminada a quitar bravura a las carnes y ablandarlas, especialmente cuando se trata de animales de cierta edad.

En las recetas que ofrecemos a continuación, encontrará un amplio repertorio de platos con los que podrá realizar deliciosas preparaciones de aves y caza. La mayor parte de ellas le resultarán de fácil ejecución y para las que requieren una preparación más elaborada, le ofrecemos explicaciones claras y paso a paso para mayor ayuda.

Las mejores recetas

Pollo con ciruelas pasas

Ingredientes para 4 personas:
1 pollo grande cortado en trozos
3 cucharadas de aceite
2 cucharadas de mantequilla
2 cucharadas de cebolla rallada
2 dientes de ajo picados
4 cucharadas de puré de tomate
1/2 taza de agua
1 taza de caldo
250 g de ciruelas pasas sin hueso
1 taza de vino tinto
Sal y pimienta

Caliente el aceite y la mantequilla en una cazuela al fuego. Agregue la cebolla y rehóguela durante unos minutos hasta que esté ligeramente dorada. Añada los ajos y el puré de tomate, revuelva bien, sazone con sal y pimienta e incorpore el agua.

A continuación, ponga el pollo en la cazuela. Rocíelo con el caldo y cocine todo durante 30 minutos.

Mientras tanto, mezcle las ciruelas y el vino en una batidora hasta obtener un puré homogéneo.

Seguidamente, retire el pollo de la cazuela, cuele la salsa y mézclela con el puré de ciruelas.

Por último, vierta la salsa en la cazuela, incorpore de nuevo el pollo y cocine todo junto durante unos minutos hasta que esté bien caliente. Sírvalo acompañado con arroz blanco.

Tiempo de realización: 45 minutos   Calorías por ración: 984

Pollo con verduras

Ingredientes para 4 personas:

1 pollo mediano
4 cucharadas de aceite
1 copa de vino blanco, seco
2 tazas de caldo de gallina
1 hoja de laurel
1 cebolla cortada en aros finos
2 zanahorias cortadas en bastoncitos
1 puerro (poro) cortado en tiras
1 calabacín (calabacita, chauchita, zucchini) cortado en tiras
2 dientes de ajo picados
Sal y pimienta

Caliente el aceite en una olla y dore el pollo previamente sazonado con sal y pimienta.

A continuación, rocíelo con el vino y el caldo. Agréguele el laurel, tape la olla y cocine a fuego lento durante 40 minutos.

Seguidamente, incorpore la cebolla, las zanahorias, el puerro, el calabacín y los ajos. Tape de nuevo la olla y cocine hasta que todo esté en su punto. Sirva el pollo decorado con las verduras.

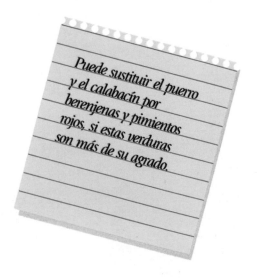

Puede sustituir el puerro y el calabacín por berenjenas y pimientos rojos, si estas verduras son más de su agrado.

Tiempo de realización: 1 hora 15 minutos   Calorías por ración: 707

Pollo al ajillo

Ingredientes para 4 personas:
1 pollo cortado en trozos
2 cucharadas de perejil picado
6 dientes de ajo
Aceite para freír
1 hoja de laurel
1 vaso de vino blanco
500 g de patatas (papas) cortadas en lonchas finas
1 guindilla (ají picante)
1 cucharadita de azafrán en polvo (color, achiote)
4 cucharadas de vinagre
Una pizca de azúcar
Sal y pimienta

Ponga el pollo en una fuente. Espolvoréelo con una cucharada de perejil y dos ajos picados, sazónelo con sal y pimienta al gusto, revuélvalo bien y déjelo macerar durante 2 horas.

A continuación, caliente aceite en una sartén al fuego y fría los trozos de pollo. Páselos a una cazuela, añada el laurel y el vino y cocine todo a fuego lento, hasta que el vino se consuma.

Mientras tanto, fría las patatas en la sartén con el aceite del pollo. Sazónelas y páselas a la cazuela. Espolvoree todo con el perejil restante.

Por último, caliente 8 cucharadas de aceite y dore los ajos restantes cortados en láminas y la guindilla. Agrégueles el azafrán, el vinagre y el azúcar, cocine todo junto unos minutos, viértalo sobre el pollo y continúe la cocción hasta que su carne esté bien tierna.

Tiempo de realización: 30 minutos   Calorías por ración: 750

Pollo al vino tinto

Ingredientes para 4 personas:
- ✓ 1 pollo mediano cortado en trozos
- ✓ 50 g de harina
- ✓ 50 g de mantequilla
- ✓ 2 cucharadas de aceite
- ✓ 100 g de panceta (tocineta fresca) entreverada, picada
- ✓ 2 cebollas cortadas en gajos finos
- ✓ 2 dientes de ajo picados
- ✓ 1 cucharada de tomate (jitomate) frito
- ✓ 2 cucharadas de brandy (cognac)
- ✓ 1 vaso grande de vino tinto
- ✓ 1 manojo de hierbas aromáticas (laurel, mejorana, romero, perejil)
- ✓ 200 g de champiñones
- ✓ Sal y pimienta

1

Sazone los trozos de pollo con sal y pimienta, enharínelos y fríalos en una sartén con la mantequilla y el aceite calientes hasta que estén dorados. Viértalos en una cacerola.

2

A continuación, en la misma grasa, dore la panceta. Agregue las cebollas y los ajos **(1)**, rehogue todo durante unos minutos y viértalo sobre el pollo.

Seguidamente, agréguele el tomate, el brandy y el vino **(2)**. Incorpore las hierbas, tape la cacerola y cocine durante 45 minutos.

Mientras tanto, lave bien los champiñones y córtelos por la mitad.

3

Por último, cuando haya pasado el tiempo de cocción, incorpore los champiñones a la cacerola **(3)** y cocine todo junto durante 15 minutos más. Sirva el pollo bien caliente.

Tiempo de realización: 1 hora 20 minutos	Calorías por ración: 905

Pollo a la tunecina

Ingredientes para 4 personas:

1 pollo mediano, cortado en trozos
4 cucharadas de aceite
1 cebolla cortada en aros finos
1 cucharada de azúcar moreno
1 cucharadita de pimentón dulce
25 g de pasas doradas, puestas en remojo
25 g de pasas de Corinto, puestas en remojo
2 tazas de caldo de pollo
Sal y pimienta

Caliente el aceite en una cacerola y rehogue la cebolla hasta que esté transparente.

A continuación, agregue el pollo a la cacerola y cocínelo, revolviendo todo hasta que esté dorado.

Seguidamente, incorpore el azúcar y el pimentón, revuelva todo bien y añada las pasas, escurridas, y el caldo. Sazone con sal y pimienta y cocine a fuego lento durante 40 minutos o hasta que el pollo esté tierno.

Mientras tanto, prepare un arroz cocido y añádale al principio de la cocción unas hebras de azafrán para que quede amarillo.

Por último, cuando el pollo esté tierno, sírvalo con arroz y la salsa por encima.

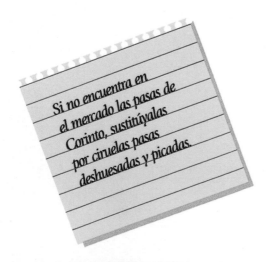

Si no encuentra en el mercado las pasas de Corinto, sustitúyalas por ciruelas pasas deshuesadas y picadas.

| Tiempo de realización: 1 hora | Calorías por ración: 700 |

202

Pastel de pollo

Ingredientes para 4 personas:
500 g de pechuga de pollo
250 g de magro de cerdo (cochino, chancho)
100 ml de brandy (cognac)
1 huevo
La miga de 1 rebanada de pan de molde (de caja)
1 cebolleta (cebolla larga) picada
1 cucharadita de perejil picado
1 cucharadita de estragón en polvo
150 g de bacon (tocineta) en lonchas finas
Sal y pimienta

Pique finamente la pechuga y la carne de cerdo y mézclelas. Si es posible, haga esta operación con un robot de cocina. Ponga las carnes en un cuenco, rocíelas con el brandy y déjelas en maceración durante 2 horas.

A continuación, bata el huevo y agréguele la miga de pan desmenuzada, la cebolleta, el perejil y el estragón. Mezcle todo bien e incorpore esta preparación a las carnes maceradas. Sazone con sal y pimienta y revuelva todo bien para mezclar totalmente los sabores.

Seguidamente, forre un molde de vidrio con las lonchas de bacon. Vierta en él la mezcla preparada, iguale la superficie y cocine el pastel en el horno al baño María durante 1 hora o hasta que esté cuajado y hecho por dentro.

Por último, retírelo del horno, déjelo enfriar durante 24 horas en el frigorífico. Desmóldelo y sírvalo con ensalada.

Tiempo de realización: 1 hora 10 minutos   Calorías por ración: 380

Pollo al estragón

Ingredientes para 4 personas:
8 muslos de pollo
3 cucharadas de aceite
1 cebolla picada
250 g de tomate (jitomate) triturado
1 cucharada de estragón picado
1 cucharadita de perejil picado
1 copa de vino blanco, seco
1 taza de caldo de pollo
Sal y pimienta

Caliente el aceite en una cacerola y rehogue la cebolla hasta que esté transparente. Incorpore el tomate, el estragón y el perejil y cocine todo durante 10 minutos, revolviendo de vez en cuando.

A continuación, agregue a la cacerola el estragón, el perejil y el vino. Revuelva todo bien, incorpore el pollo, rocíelo con el caldo y sazónelo con sal y pimienta.

Por último, tape la cacerola y cocine todo junto a fuego lento durante 45 minutos o hasta que el pollo esté tierno. Sírvalo decorándolo al gusto.

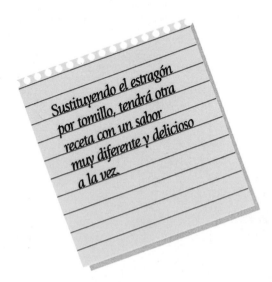

Sustituyendo el estragón por tomillo, tendrá otra receta con un sabor muy diferente y delicioso a la vez.

Tiempo de realización: 1 hora   Calorías por ración: 648

Pollo frito

Ingredientes para 4 personas:
1 pollo cortado en trozos
El zumo (jugo) de 2 limones
Harina para enharinar
2 cucharadas de mostaza
2 cucharadas de mantequilla
1 taza de pan rallado
2 cucharadas de perejil
3 huevos batidos
Aceite para freír
Sal y pimienta

Sazone el pollo con sal y pimienta y rocíelo con jugo de limón. Rebócelo en harina y déjelo reposar unos minutos.

A continuación, embadurne los trozos de pollo con la mostaza y la mantequilla mezcladas.

Seguidamente, rebócelos primero en los huevos y después en el pan rallado mezclado con el perejil, sal y pimienta. Fríalo en abundante aceite caliente y sírvalo con patatas fritas y ensalada al gusto.

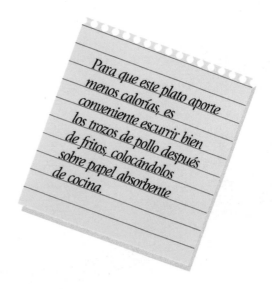

Para que este plato aporte menos calorías, es conveniente escurrir bien los trozos de pollo después de fritos, colocándolos sobre papel absorbente de cocina.

Tiempo de realización: 30 minutos	Calorías por ración: 771

Pollo al laurel

Ingredientes para 4 personas:
✓ 1 pollo mediano
✓ 4 dientes de ajo picados
✓ 3 hojas de laurel
✓ 1 cucharadita de pimentón dulce
✓ 2 cucharadas de aceite
✓ Sal y pimienta

Para la guarnición:
✓ Patatas (papas) fritas
✓ Tomatitos de jardín

1

Limpie el pollo, lávelo bien bajo un chorro de agua fría y séquelo con papel absorbente de cocina.

A continuación, proceda a separar la piel de la carne, introduciendo primero un cuchillo bien afilado y después las manos (1), teniendo mucho cuidado en no romper la piel.

2

Seguidamente, ponga los ajos en un platito y mézclelos con el pimentón, las hojas de laurel desmenuzadas y sal y pimienta molida al gusto. Introduzca dos terceras partes de esta mezcla repartida entre la piel y la carne del pollo (2) y la restante en el interior, cierre la abertura con un palillo (3) y unte el pollo con el aceite.

Por último, introduzca el pollo en el horno, precalentado a 180° C (350° F) y cocínelo hasta que esté dorado y crujiente. Sírvalo con patatas fritas y tomatitos de jardín.

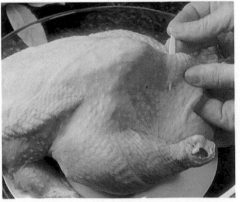

3

Tiempo de realización: 1 hora 15 minutos	Calorías por ración: 698

Pollo con pimientos

Ingredientes para 4 personas:

1 pollo mediano, cortado en trozos
6 cucharadas de aceite
2 dientes de ajo picados
1 cebolla picada
3 tomates (jitomates) pelados y picados
50 g de bacon (tocineta ahumada)
1 pimiento (pimentón) verde, cortado en tiras
1 pimiento (pimentón) rojo, cortado en tiras
1 vaso de vino blanco, seco
1 vasito de agua
Sal y pimienta

Caliente la mitad del aceite en una sartén y rehogue los ajos y la cebolla hasta que ésta esté transparente. Incorpore los tomates y cocínelos a fuego lento durante 10 o 15 minutos.

A continuación, caliente el aceite restante en una cazuela de barro y sofría ligeramente el bacon. Agregue los trozos de pollo y dórelos. Incorpore los pimientos y vierta por encima el tomate frito. Cocine todo junto a fuego lento durante 5 minutos, revolviendo bien.

Seguidamente, añada el vino, el agua, sal y pimienta. Tape la cazuela y cocine a fuego lento hasta que el pollo esté tierno.

Por último, retire la cazuela del fuego, deje reposar el guiso durante unos minutos y sírvalo bien caliente.

Tiempo de realización: 1 hora   Calorías por ración: 775

Pollo adobado

Ingredientes para 4 personas:

1 pollo mediano, cortado en trozos
4 dientes de ajo
1 copita de vinagre
1 copita de vino blanco, seco
2 hojas de laurel cortadas en trocitos
6 cucharadas de aceite
1 cebolla grande, picada
Sal

Lave los trozos de pollo, séquelos bien y colóquelos en un recipiente de vidrio.

A continuación, triture en un mortero los ajos con un poco de sal hasta obtener una pasta. Añádales el vinagre, el vino y el laurel. Mezcle todo bien e impregne los trozos de pollo con este adobo. Déjelo reposar en el frigorífico durante 2 horas.

Seguidamente, escurra bien los trozos de pollo y resérvelos. Guarde aparte el adobo.

Por último, caliente el aceite en una sartén grande y fría el pollo a fuego lento durante 20 o 25 minutos hasta que esté bien dorado. Incorpore la cebolla y el adobo reservado y continúe la cocción hasta que el pollo esté tierno.

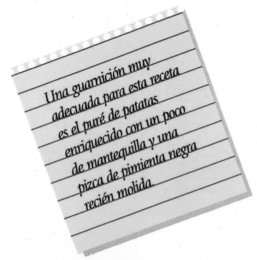

Una guarnición muy adecuada para esta receta es el puré de patatas enriquecido con un poco de mantequilla y una pizca de pimienta negra recién molida.

Tiempo de realización: 40 minutos   Calorías por ración: 702

214

Pollo al azafrán

Ingredientes para 4 personas:
1 pollo mediano, cortado en trozos
4 cucharadas de aceite
1 cebolla picada
1 tallo de apio (celeri) cortado en tiras finas
1 calabacín (calabacita, chauchita, zucchini) cortado en trocitos
3 zanahorias cortadas en tiras finas
1 diente de ajo picado
1 cucharadita de perejil picado
6 almendras crudas
Unas hebras de azafrán (color, achiote)
1 copa de vino blanco
2 tazas de caldo
1 hoja de laurel
Sal

Caliente el aceite en una cazuela, agregue la cebolla, el apio, el calabacín y las zanahorias y cocínelos durante 10 minutos, revolviendo todo de vez en cuando.

Mientras tanto, ponga en un mortero el ajo junto con el perejil, las almendras y el azafrán. Machaque todo hasta obtener una pasta.

A continuación, agregue a la cazuela el vino y el contenido del mortero. Mezcle bien e incorpore el pollo, el caldo y el laurel. Sale, revuelva todo, tape la cazuela y cocine a fuego lento durante 45 minutos o hasta que el pollo esté tierno. Sírvalo bien caliente.

Tiempo de realización: 1 hora	Calorías por ración: 714

Pollo a la andaluza

Ingredientes para 4-6 personas:
1 pollo cortado en trozos grandes
6 cucharadas de aceite
4 dientes de ajo sin pelar
1 cebolla grande, picada
2 tomates (jitomates) pelados y picados
1 copa de vino blanco
1 taza de caldo de pollo
1 hoja de laurel
2 yemas de huevos cocidos
10 almendras tostadas
Unas hebras de azafrán (color, achiote)
Unas ramitas de perejil (opcional)
Sal y pimienta negra recién molida

Para la decoración:
Las claras de los huevos cocidos, cortadas en rodajas
Unas rodajas de tomate (jitomate)

Caliente el aceite en una sartén al fuego, añada los dientes de ajo y fríalos, hasta que estén bien dorados. Retírelos con una espumadera y resérvelos.

A continuación, sazone con sal y pimienta los trozos de pollo y fríalos en el aceite donde doró los ajos. Retírelos, escúrralos bien y póngalos en una cazuela.

Seguidamente, rehogue la cebolla en el aceite que ha quedado en la sartén hasta que esté transparente. Añada los tomates, fríalos y vierta este sofrito sobre el pollo. Riéguelo con el vino, deje que éste se reduzca ligeramente, incorpore el caldo y el laurel y continúe la cocción.

Mientras tanto, pele los ajos dorados, póngalos en el mortero y macháquelos junto con las yemas de huevo, las almendras, el azafrán y el perejil, si lo utiliza. Añada un poco de agua y mézclelo todo hasta obtener una pasta homogénea.

Por último, vierta la pasta preparada sobre el pollo, rectifique la sazón y cocínelo hasta que esté bien tierno. Déjelo reposar unos minutos y sírvalo decorado con las rodajas de clara de huevo cocido y de tomate.

Tiempo de realización: 1 hora 15 minutos   **Calorías por ración: 754**

Pollo al queso

Ingredientes para 4 personas:

✓ 1 pollo grande, cortado en trozos
✓ 3 cucharadas de aceite
✓ 1 cucharada de mantequilla
✓ 200 g de tomate (jitomate) frito
✓ 2 cucharadas de salsa de soja
✓ 1 taza de caldo
✓ 1/2 cucharada de maicena (fécula de maíz)
✓ 6 cucharadas de nata (crema de leche) líquida
✓ 8 cucharadas de queso gruyère, rallado
✓ Sal y pimienta

1

2

Caliente el aceite y la mantequilla en una cacerola y dore los trozos de pollo, previamente sazonados (1). Resérvelos en un plato sobre papel absorbente de cocina para quitarles el exceso de grasa.

A continuación, agregue a la cacerola el tomate, la salsa de soja y el caldo y cocine 6 o 7 minutos revolviendo de vez en cuando.

Disuelva la maicena en un poco de agua fría e incorpórela a la cacerola, sin dejar de revolver. Cocine todo durante 10 minutos, sazone con sal y pimienta al gusto, añada la nata, revuelva bien y retire del fuego.

3

Seguidamente, coloque los trozos de pollo en una fuente refractaria. Cúbralos con la salsa preparada (2) e introdúzcalos en el horno, precalentado a 180° C (350° F), durante 15 minutos.

Por último, espolvoree el queso por encima del pollo (3) y gratínelo durante 5 minutos. Sírvalo acompañado de patatas fritas o arroz blanco.

Tiempo de realización: 50 minutos	Calorías por ración: 817

Ensalada de pollo

Ingredientes para 4 personas:
1 pechuga de pollo entera
1 puerro (poro) cortado en trozos grandes
1 zanahoria cortada en rodajas
2 tazas de agua
1 ramita de perejil
1 taza de arroz de grano largo
100 g de mayonesa
2 pepinillos en vinagre, picados
1 huevo cocido, picado
1 cucharada de mostaza
1 lechuga pequeña, picada
2 tomates (jitomates) picados
300 g de granos de maíz (elote) de lata
Sal

Ponga la pechuga de pollo en una cacerola junto con el puerro y la zanahoria. Cubra todo con agua, sale y cocínelo durante 30 minutos.

Mientras tanto, caliente el agua con el perejil en otra cacerola y cuando rompa a hervir, agregue el arroz y cocínelo durante 20 minutos. Escúrralo y páselo por un chorro de agua fría.

A continuación, retire la pechuga del caldo, déjela enfriar, quítele la piel, huesos y ternillas y córtela en lonchas.

Seguidamente, mezcle el arroz con la mayonesa, los pepinillos, el huevo y la mostaza y vierta el preparado en una fuente de servir.

Por último, coloque la lechuga, los tomates y el maíz de forma decorativa. Ponga finalmente las lonchas de pollo y sirva la ensalada.

Tiempo de realización: 45 minutos	Calorías por ración: 456

Pechugas de pollo rellenas

Ingredientes para 4 personas:
2 pechugas de pollo enteras
200 g de espinacas congeladas
1 huevo
1 cucharadita de orégano molido
2 cucharadas de queso rallado
4 cucharadas de aceite
1 copa de vino oloroso
50 g de pasas de corinto, puestas en remojo
1 taza de caldo de pollo o agua
Sal y pimienta

Corte las pechugas por la mitad en 2 trozos cada una. Quíteles la piel y los huesos y ábralas formando 4 filetes bien extendidos y planos. Sazónelos con sal y pimienta.

A continuación, cocine las espinacas durante 5 minutos en agua hirviendo con sal. Escúrralas bien y píquelas. Bata el huevo y agréguele las espinacas picadas, el orégano y el queso rallado. Sazone todo con sal y pimienta y mezcle bien.

Seguidamente, reparta el preparado anterior sobre las pechugas, envuélvalas sobre sí mismas formando rollitos y átelos con cuerda de cocina para que no se salga el relleno y no pierdan la forma.

Por último, caliente el aceite en una cacerola y fría los rollitos de pollo hasta que estén dorados. Rocíelos con el vino, incorpore las pasas escurridas y el caldo, tape la cacerola y cocine los rollitos durante 20 minutos. Sírvalos cortados en lonchas gruesas, rociados con su salsa y acompañados con verduras cocidas al gusto.

Tiempo de realización: 45 minutos   Calorías por ración: 463

Pollo con berenjenas

Ingredientes para 4 personas:
1 pollo mediano, cortado en trozos
150 ml de aceite
1/2 vasito de vino blanco
2 pimientos (pimentones) verdes
2 dientes de ajo picados
150 g de jamón serrano, cortado en tiras
1 guindilla (ají picante) picada
2 cebollas picadas
750 g de berenjenas cortadas en bastoncitos
500 g de tomates (jitomates) pelados y picados
1 hoja de laurel
1 cucharada de perejil picado
Sal

Sale los trozos de pollo y fríalos en una sartén con el aceite caliente hasta que estén dorados. Páselos a una cazuela y rocíelos con el vino.

A continuación, fría los pimientos en el mismo aceite, retírelos y déjelos enfriar. Pélelos y córtelos en tiras.

Seguidamente, dore los ajos en el aceite de la sartén, junto con el jamón y la guindilla. Agregue las cebollas y cocínelas durante 5 minutos. Incorpore las berenjenas y cocínelas 5 minutos más. Añada los pimientos y los tomates, mezcle todo bien y viértalo sobre los trozos de pollo. Agregue la hoja de laurel, sale, tape la cazuela y cocine todo durante 30 minutos o hasta que el pollo esté tierno.

Por último, vierta el pollo en una fuente, espolvoréelo con el perejil picado y sírvalo bien caliente.

NOTA: Si lo desea, puede deshuesar los trozos de pollo y servirlos colocándolos sobre las verduras.

Tiempo de realización: 1 hora 10 minutos   Calorías por ración: 935

Pollo cubierto

Ingredientes para 6 personas:

✓ 1 pollo grande, cortado en trozos
✓ 100 g de panceta (tocineta fresca) entreverada, cortada en tiras
✓ 1 cebolla grande, picada
✓ 2 zanahorias cortadas en daditos
✓ 100 g de jamón picado
✓ 2 ramitas de perejil picadas
✓ 2 hojas de laurel
✓ 1 copita de ron
✓ 2 cucharadas de mantequilla
✓ 1 taza de caldo de pollo
✓ Sal y pimienta

1

Haga unos pequeños cortes en los trozos de pollo e introduzca las tiras de panceta en los mismos (1). Cúbralos con los ingredientes restantes, excepto la mantequilla y el caldo y déjelos macerar durante 2 horas.

A continuación, caliente la mantequilla en una cazuela y dore bien los trozos de pollo (2). Cúbralos con los ingredientes de la maceración, rocíelos con el caldo, sazone con sal y pimienta y cocine todo durante 1 hora o hasta que el pollo esté tierno.

2

Coloque el pollo en una fuente y pase la salsa por la batidora hasta obtener una mezcla espesa y homogénea. Viértala en un cazo y cocínela a fuego lento durante 5 minutos.

Por último, vierta la salsa sobre el pollo (3) y sirva decorándolo con pan frito o al gusto.

3

Tiempo de realización: 1 hora 15 minutos	Calorías por ración: 716

Ragú de pollo

Ingredientes para 4 personas:
1 pollo mediano, cortado en trozos
100 ml de aceite
1 cebolla picada
2 dientes de ajo picados
250 g de zanahorias cortadas en rodajas
100 g de guisantes (arvejas, chícharos)
250 g de champiñones (hongos, setas) bien limpios y cortados en 4 trozos
1 copa de vino blanco
1 taza de caldo de pollo
1 cucharadita de tomillo en polvo
Sal y pimienta

Caliente el aceite en una cazuela, sazone el pollo con sal y pimienta y fríalo a fuego medio hasta que esté bien dorado. Retírelo de la cazuela y resérvelo.

A continuación, en el mismo aceite, rehogue la cebolla y los ajos hasta que empiecen a tomar color. Agregue a la cazuela los guisantes, las zanahorias y los champiñones y cocine todo junto durante 5 minutos.

Seguidamente, añada el vino, deje que todo dé un hervor e incorpore de nuevo el pollo. Rocíelo con el caldo hirviendo, espolvoree por encima el tomillo, rectifique la sazón y cocine todo junto durante 30 minutos o hasta que el pollo esté tierno.

Por último, viértalo en una fuente y sírvalo acompañado, si lo desea, de arroz blanco.

Tiempo de realización: 1 hora   Calorías por ración: 852

Pollo guisado

Ingredientes para 4 personas:
1 pollo mediano, cortado en trozos
2 cucharadas de aceite
2 hojas de laurel
1/2 taza de tomate (jitomate) frito
1 cucharadita de orégano en polvo
Una pizca de tomillo en polvo
2 yemas de huevo
2 cucharadas de nata (crema de leche) líquida
1 cucharadita de maicena (fécula de maíz)
Sal y pimienta negra recién molida

Sazone el pollo con sal y pimienta y saltéelo en una cacerola al fuego con el aceite caliente hasta que empiece a dorarse. Escurra bien el aceite sobrante, añada el laurel y cubra el pollo con agua. Cocínelo durante 40 minutos. Retire los trozos de pollo de la cacerola y quíteles la piel.

A continuación, vierta las pieles del pollo en una batidora, agregue el caldo de la cocción y el tomate frito y bata todo hasta obtener una salsa homogénea. Vierta la salsa obtenida en la cacerola, añada los trozos de pollo previamente deshuesados, el orégano, el tomillo y sal y pimienta. Bata las yemas con un poco de caldo y la nata e incorpórelas a la cacerola.

Seguidamente, disuelva la maicena en un poco de agua fría, viértala en la cacerola y cocine todo junto a fuego lento durante 10 minutos. Sirva el pollo acompañado de arroz blanco.

Tiempo de realización: 1 hora 10 minutos   Calorías por ración: 614

Fiambre de pollo

Ingredientes para 4 personas:
500 g de pechugas de pollo sin piel ni huesos
200 g de jamón de York
50 g de jamón serrano
1 huevo
2 cucharadas de vino
1 cucharadita de salvia molida
1 rebanada de pan integral
Sal y pimienta

Trocee las pechugas, el jamón de York y el serrano, viértalos en una picadora y pique los 3 ingredientes juntos.

A continuación, bata el huevo en un cuenco, agréguele el vino y la salvia y sazónelo con sal y pimienta. Incorpore las carnes picadas y mezcle todo bien. Desmenuce la rebanada de pan, añádala al preparado anterior y trabájelo hasta que resulte homogéneo.

Seguidamente, corte 2 cuadrados grandes de papel de aluminio y reparta sobre ellos la mezcla anterior dándole forma de cilindro. Envuelva bien cada cilindro para que no pierda la forma e introdúzcalos en el horno, precalentado a 180° C (350° F), durante 30 minutos.

Por último, déjelos enfriar, desenvuélvalos y sírvalos cortados en rodajas finas y decoradas al gusto.

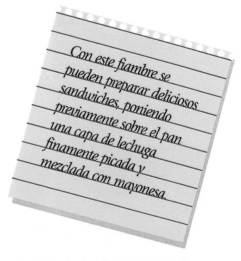

Con este fiambre se pueden preparar deliciosos sandwiches, poniendo previamente sobre el pan una capa de lechuga finamente picada y mezclada con mayonesa.

Tiempo de realización: 45 minutos	Calorías por ración: 358

Pollo a la marengo

Ingredientes para 6 personas:

✓ 1 pollo cortado en trozos
✓ 2 dientes de ajo picados
✓ 1 cebolla mediana, picada
✓ 1 manojito de hierbas aromáticas
✓ 1 taza de vino
✓ 2 tazas de caldo
✓ 2 cucharadas de pasta de tomate
✓ 100 g de mantequilla
✓ 500 g de cebollitas francesas
✓ 1 lata pequeña de guisantes
  (arvejas, chícharos)
✓ 1 lata pequeña de champiñones
  (hongos, setas)
✓ Aceite para freír
✓ Harina para enharinar
✓ Huevos duros en rodajas
✓ Sal y pimienta

Sazone los trozos de pollo con sal y pimienta. Póngalos en un recipiente, agregue los ajos (1) y mezcle todo para que tomen el sabor.

A continuación, enharine los trozos de pollo y fríalos en aceite caliente. Páselos a una cacerola, añádales la cebolla, el manojito de hierbas y el vino. Tape la cacerola y cocine 5 minutos. Incorpore el caldo y la pasta de tomate. Sazone con sal y pimienta al gusto, tape la cacerola de nuevo (2) y cocine durante 25 minutos más.

Caliente la mantequilla en una sartén y fría las cebollitas (3). Agregue los guisantes y los champiñones y cocine todo junto durante unos minutos.

Por último, coloque el pollo en una fuente y sírvalo con las verduras, las rodajas de huevo y triángulos de pan frito si lo desea.

Tiempo de realización: 45 minutos	Calorías por ración: 630

Muslos de pollo en hojaldre

Ingredientes para 4 personas:
4 muslos de pollo grandes, sin piel
2 cucharadas de aceite
1 cebolla pequeña, picada
1 huevo
1 lata de 100 g de foie-gras
1 cucharada de vino blanco, seco
1 cucharada de pan rallado
200 g de hojaldre descongelado
1 huevo batido para la decoración
Sal y pimienta

Caliente el aceite en una sartén y dore los muslos de pollo previamente sazonados con sal y pimienta. Retírelos de la sartén y resérvelos.

A continuación, rehogue la cebolla en el aceite que haya quedado durante 8 o 10 minutos, hasta que esté transparente.

Mientras tanto, bata el huevo en un cuenco, añádale el foie-gras, el vino, el pan rallado, sal y pimienta.

Seguidamente, cuando la cebolla esté rehogada, incorpórela al preparado anterior y mezcle todo bien hasta obtener una pasta homogénea.

Una vez descongelado el hojaldre, extiéndalo con un rodillo y córtelo en 4 rectángulos. Extienda sobre cada uno una capa de la pasta de foie-gras preparada, ponga encima un muslo de pollo y envuélvalo en el hojaldre.

Por último, pegue los bordes del hojaldre con un poco de agua, pinte la superficie con el huevo batido e introduzca los muslos de pollo en el horno, precalentado a 180° C (350° F), durante 20 minutos o hasta que el hojaldre esté dorado. Sírvalos con ensalada o al gusto.

Tiempo de realización: 50 minutos	Calorías por ración: 491

Gallina en pepitoria

Ingredientes para 6 personas:
1 gallina cortada en trozos
3 cucharadas de aceite
1 copa de jerez
3 cucharadas de mantequilla
1 cebolla pequeña, picada
2 dientes de ajo picados
1 hoja de laurel
1 clavo de olor machacado
Una pizca de nuez moscada
Unas hebras de azafrán (color, achiote)
2 cucharadas de harina
12 almendras tostadas, peladas y picadas
Unas aceitunas (olivas) sin hueso y picadas
Sal y pimienta

Sazone la gallina con sal y pimienta y fríala en una cacerola con el aceite caliente. Añádale el jerez, tape la cacerola y cocine todo a fuego lento hasta que se evapore el vino.

Mientras tanto, caliente dos cucharadas de mantequilla y rehogue la cebolla hasta que esté transparente. Agregue 3 tazas de agua y cocine la cebolla hasta que esté tierna.

A continuación, prepare una mezcla con los ajos, el laurel, el clavo de olor, la nuez moscada, el azafrán y sal y pimienta. Viértala sobre la gallina, agréguele la cebolla con su caldo y cocine todo junto hasta que la gallina esté tierna.

Seguidamente, rehogue la harina en la mantequilla restante. Incorpore las almendras picadas, un chorrito de agua y las aceitunas picadas. Revuelva todo bien, viértalo sobre la gallina y deje que dé un hervor todo junto.

Por último, sirva la gallina con triángulos de pan frito y huevos duros picados o con cualquier otra guarnición al gusto.

Tiempo de realización: 1 hora 30 minutos   Calorías por ración: 1 056

Pollitos primavera

Ingredientes para 4 personas:

2 pollos picantones (pollos pequeños) o 4 si son muy pequeños
100 ml de aceite
1 cebolla grande, picada
2 dientes de ajo picados
2 copas de vino blanco, seco
1 hoja de laurel
100 ml de caldo de pollo o agua
150 g de tirabeques (guisantes, arvejas con vaina)
100 g de zanahorias baby
Sal y pimienta

Lave muy bien los pollitos, por dentro y por fuera, y séquelos con papel absorbente de cocina.

A continuación, caliente el aceite en una cacerola al fuego y dore los pollitos, previamente sazonados con sal y pimienta. Una vez bien dorados, agregue la cebolla y los ajos y rehogue todo junto hasta que la cebolla comience a dorarse.

Seguidamente, rocíe los pollitos con el vino, agregue el laurel y el caldo y cocine todo junto durante 10 minutos.

Por último, incorpore a la cacerola los tirabeques y las zanahorias, tape la cacerola y cocine a fuego lento durante 20 minutos. Sirva los pollitos con las verduras y la salsa por encima.

Nota: Cuando vaya a cocinar los pollitos, conviene que les ate las patas para que una vez finalizada la cocción, continúen guardando su forma original.

Tiempo de realización: 45 minutos	Calorías por ración: 825

Picantones con naranja

Ingredientes para 4 personas:
2 pollitos picantones (pollitos pequeños) o 4 si fueran muy pequeños
1 o 2 naranjas
100 ml de aceite
50 g de mantequilla
150 g de higaditos de pollo
1 copa de Oporto
1 cucharada de harina
250 ml de caldo de pollo o agua
Sal y pimienta

Pele las naranjas, reservando las cáscaras, córtelas por la mitad e introduzca cada mitad en un pollito. Átelos, sazónelos con sal y pimienta y dórelos en una cacerola con el aceite caliente.

Mientras tanto, derrita la mitad de la mantequilla en una sartén y saltee los higaditos. Añádales el Oporto y cocínelos durante 3 o 4 minutos. Retírelos del fuego y resérvelos.

A continuación, derrita la mantequilla restante en la sartén, sofría muy ligeramente la harina y agregue el caldo poco a poco, sin dejar de revolver. Cocine durante unos minutos hasta que la salsa tenga algo de consistencia.

Seguidamente, corte unas tiritas de cáscara de naranja, sólo de la parte amarilla, e incorpórelas a la salsa junto con los higaditos con Oporto. Mezcle todo bien y vierta la salsa sobre los picantones.

Por último, tape la cacerola y cocine todo junto durante 20 minutos o hasta que los picantones estén tiernos. Sírvalos con su propia salsa y decorados con naranja.

Tiempo de realización: 45 minutos   Calorías por ración: 850

Paté de higaditos de pollo

Ingredientes para 4 personas:
- ✓ 300 g de higaditos de pollo
- ✓ 8 granos de pimienta verde
- ✓ 1 cebolla pequeña
- ✓ 1 hoja de laurel
- ✓ 1 cucharada de mantequilla
- ✓ 2 cucharadas de brandy (cognac)
- ✓ 100 ml de nata (crema de leche) líquida
- ✓ Sal

Para la decoración:
- ✓ Unos granos de pimienta verde
- ✓ 2 hojas de laurel
- ✓ 200 ml de gelatina (preparada siguiendo las instrucciones del fabricante)

1

Ponga los higaditos, bien lavados y escurridos, en un cuenco, añada los granos de pimienta machacados y sal, vierta por encima el brandy **(1)** y déjelos en maceración durante 1 hora.

2

A continuación, derrita la mantequilla en una sartén al fuego, añada la cebolla y rehóguela hasta que esté transparente. Incorpore los higaditos macerados y el laurel y saltéelos **(2)** revolviendo con una cuchara de madera, durante 10 minutos.

Seguidamente, pase todo por la batidora añadiendo la nata, vierta el paté obtenido en una terrina, alise la superficie y deje que se enfríe.

3

Por último, decore la superficie con los granos de pimienta y las hojas de laurel **(3)**, vierta por encima la gelatina y deje que se solidifique antes de servir.

Tiempo de realización: 20 minutos   Calorías por ración: 214

Muslos de pavo guisados

Ingredientes para 4 personas:
4 muslos de pavo (guajalote)
25 g de mantequilla
1 cebolla picada
2 dientes de ajo picados
350 g de tomates (jitomates) pelados y picados
1 vaso de vino dulce
25 g de harina
1 taza de caldo de pollo
2 cucharadas de concentrado de tomate (jitomate)
3 zanahorias cortadas en rodajas
1 cucharada de hierbas mixtas, picadas
200 g de champiñones (hongos, setas) cortados en láminas
Sal y pimienta

Caliente la mantequilla en una cacerola y fría los muslos de pavo hasta que estén dorados. Agregue la cebolla y los ajos y rehogue todo junto hasta que la cebolla esté transparente.

A continuación, retire el pavo de la cacerola y resérvelo. Vierta en la cacerola los tomates, el vino, la harina, el caldo, el concentrado de tomate y las zanahorias y cocine todo durante 5 minutos.

Seguidamente, agregue al guiso las hierbas y los champiñones. Incorpore de nuevo los muslos de pavo, sazone con sal y pimienta, revuelva todo bien y cocine lentamente durante 30 minutos o hasta que el pavo esté tierno. Sírvalo bien caliente.

Tiempo de realización: 1 hora   Calorías por ración: 454

Pavo con piña

Ingredientes para 6 personas:
1 kg de pechuga de pavo (guajalote) cortada en cuadraditos
25 dientes de ajo medianos, pelados
6 cucharadas de aceite
1 lata de 500 g de piña (ananá) en almíbar, troceada
1 ramita de tomillo
1 cucharada de maicena (fécula de maíz)
Sal y pimienta

Caliente el aceite en una sartén grande y fría los ajos hasta que estén dorados. Retírelos con una espumadera y resérvelos aparte.

A continuación, sazone con sal y pimienta la carne de pavo y fríala en el mismo aceite de los ajos. Cuando los cuadraditos estén dorados, agregue a la sartén la mitad del almíbar de la piña y el tomillo y cocine todo durante 15 minutos.

Seguidamente, incorpore la piña y los ajos reservados y continúe la cocción 5 minutos más.

Por último, disuelva la maicena en un poquito de almíbar o agua, añádala a la sartén y deje cocinar todo junto unos minutos para que espese la salsa. Sirva el plato con puré de patatas o arroz blanco.

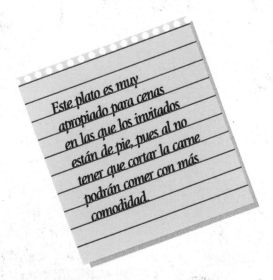

Este plato es muy apropiado para cenas en las que los invitados están de pie, pues al no tener que cortar la carne podrán comer con más comodidad.

Tiempo de realización: 40 minutos   Calorías por ración: 369

Pechuga de pavo rellena

Ingredientes para 4 personas:
1 pechuga de pavo (guajalote) deshuesada
2 huevos batidos
100 g de espinacas cocidas y picadas
100 g de carne de cerdo (cochino, chancho) picada
1 diente de ajo picado
1 vaso de vino blanco
1 cucharada de pan rallado
1 cucharada de perejil picado
5 cucharadas de aceite
1 cebolla picada
1 cucharada de concentrado de carne
250 ml de caldo de pollo
1 cucharadita de tomillo en polvo
Sal y pimienta

Mezcle los huevos con las espinacas, caliente 1 cucharada de aceite en una sartén y prepare una tortilla bien extendida.

A continuación, mezcle la carne de cerdo con el ajo, el vino, el pan rallado y el perejil.

Seguidamente, extienda la pechuga de pavo y ponga encima la tortilla. Sobre ésta reparta la carne preparada, enrolle la pechuga sobre sí misma y átela para que no pierda su forma.

Caliente el aceite restante en una cazuela al fuego y rehogue la cebolla hasta que esté transparente. Incorpore la pechuga y dórela. Agregue el concentrado de carne, el caldo, el tomillo y sal y pimienta. Tape la cazuela y cocine a fuego lento durante 25 minutos.

Por último, retire el pavo de la cazuela y córtelo en rodajas. Pase el fondo de cocción por un pasapurés, viértalo sobre las rodajas de pechuga y sírvalas con patatas o al gusto.

Tiempo de realización: 45 minutos   Calorías por ración: 545

Pavo con especias

Ingredientes para 4 personas:
500 g de filetes de pavo (guajalote)
1/2 cucharadita de cominos molidos
1/2 cucharadita de cilantro (coriandro, culantro) molido
1/2 cucharadita de jengibre (cojatillo) molido
1/2 cucharadita de azafrán (color, achiote) molido
2 cucharadas de zumo (jugo) de limón
100 g de yogur natural, descremado
1 cucharada de aceite
1 cebolla cortada en aros
1 cucharada de harina
Sal y pimienta

Vierta en un cuenco los cominos, el cilantro, el jengibre, el azafrán, el zumo de limón y el yogur. Sazone con sal y pimienta y mezcle todo bien.

A continuación, coloque los filetes de pavo en una fuente, vierta el preparado anterior sobre ellos, tape la fuente y déjelos macerar en el frigorífico durante 3 horas.

Seguidamente, caliente el aceite en una cacerola y rehogue la cebolla hasta que esté transparente. Agregue la harina, rehóguela ligeramente e incorpore el pavo junto con su adobo. Tape la cacerola y cocine todo durante 30 minutos hasta que los filetes estén tiernos y la salsa ligeramente espesa.

Por último, vierta el guiso en una fuente y sírvalo con arroz blanco o al gusto.

Tiempo de realización: 50 minutos   Calorías por ración: 215

Codornices al apio

Ingredientes para 4 personas:
4 codornices
4 cucharadas de aceite
1 cebolla cortada en aros
3 zanahorias cortadas en rodajas
150 g de apio cortado en trozos pequeños
1 copa de vino blanco
1 taza de agua
Sal y pimienta

Caliente el aceite en una cacerola y dore las codornices por todos los lados. Cuando estén bien doradas, retírelas y resérvelas aparte.

A continuación, en el mismo aceite de la cacerola, rehogue la cebolla, las zanahorias y el apio durante 5 minutos.

Seguidamente, incorpore de nuevo las codornices a la cacerola, rocíelas con el vino y el agua, sazónelas con sal y pimienta, tape la cacerola y cocine todo junto durante 20 minutos o hasta que estén tiernas.

Por último, ponga las codornices en una fuente y sírvalas con las verduras y decorándolas al gusto.

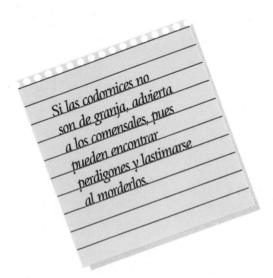

Si las codornices no son de granja, advierta a los comensales, pues pueden encontrar perdigones y lastimarse al morderlos.

Tiempo de realización: 40 minutos   Calorías por ración: 452

Pichones de la abuela

Ingredientes para 4 personas:
4 pichones
El zumo (jugo) de 1 limón
2 cucharadas de mantequilla
1 cebolla pequeña, picada
1 pimiento (pimentón) rojo, picado
1 diente de ajo picado
1 cucharada de perejil picado
1 cucharadita de hierbabuena picada
1 cucharadita de cominos en polvo
1 taza de agua
Sal y pimienta

Una vez bien limpios los pichones, frótelos con el zumo de limón y déjelos reposar aparte.

A continuación, caliente la mantequilla en una cacerola, añada la cebolla, el pimiento y el ajo y rehóguelos a fuego lento hasta que la cebolla esté transparente.

Seguidamente, agregue a la cacerola el perejil y la hierbabuena. Revuelva todo bien e incorpore los pichones. Espolvoréeles por encima los cominos, sazónelos con sal y pimienta, añada el agua, tape la cacerola y cocine todo a fuego lento durante 20 minutos. Si fuera necesario agregue un poco más de agua.

Por último, cuando los pichones estén tiernos, colóquelos en una fuente con el jugo de cocción y sírvalos bien calientes sobre un lecho de arroz blanco o al gusto.

Tiempo de realización: 40 minutos   Calorías por ración: 375

Pichones
a la pimienta rosa

Ingredientes para 4 personas:
2 pichones grandes o 4 pequeños
2 cucharadas de aceite
1/2 copa de brandy (cognac)
25 granos de pimienta rosa
150 g de uvas peladas y sin semillas
1 copa de vino oloroso
1 cucharada de concentrado de carne
2 cucharadas de nata (crema de leche) líquida
Sal y pimienta

Para la guarnición:
150 g de guisantes (arvejas, chícharos) cocidos
150 g de zanahorias cocidas
4 cebollitas francesas, cortadas en cuartos
2 cucharadas de mantequilla

Limpie bien los pichones y si son grandes, córtelos por la mitad en sentido longitudinal. Sazónelos con sal y pimienta y úntelos con aceite.

A continuación, caliente el aceite restante en una cazuela, agregue los pichones y dórelos por todos los lados, durante 10 minutos hasta que estén bien tostados y tiernos. Retírelos de la cazuela, flaméelos con el brandy y resérvelos calientes.

Seguidamente, agregue a la cazuela la pimienta rosa, las uvas, el vino y el concentrado de carne. Mezcle todo bien y cocínelo durante un par de minutos. Incorpore los pichones y la nata, tape la cazuela y cocine los pichones con la salsa durante 15 minutos, a fuego muy lento.

Mientras tanto, caliente la mantequilla y rehogue los guisantes, las zanahorias y las cebollas, durante unos minutos.

Por último, coloque los pichones en platos para servir, reparta las verduras preparadas y sírvalos bien calientes.

Tiempo de realización: 40 minutos   Calorías por ración: 561

Pichones a la española

Ingredientes para 4 personas:
2 pichones grandes
15 g de mantequilla
4 lonchas de tocino (tocineta) entreverado
El zumo (jugo) de 1 naranja
1 cucharadita de maicena (fécula de maíz)
1/2 taza de agua o caldo de pollo
1/2 copa de vino tinto
1 ramita de romero
Sal y pimienta

Para la decoración:
2 naranjas
Patatas (papas) fritas

Lave bien los pichones, chamuscándolos en la llama si fuera necesario y córtelos por la mitad en sentido longitudinal.

A continuación, caliente la mantequilla en una cazuela y dore el tocino ligeramente. Sazone los pichones con sal y pimienta, agréguelos a la cazuela y dórelos bien por todos los lados.

Seguidamente, incorpore a la cazuela el zumo de naranja, la maicena, el agua o caldo y el vino. Revuelva todo bien, añada el romero, tape la cazuela y cocine a fuego medio durante 15 minutos.

Por último, retire los pichones de la cazuela, colóquelos en una fuente y pase la salsa por un chino. Rocíela sobre los pichones y sírvalos con gajos de naranja pelados y patatas fritas.

Tiempo de realización: 40 minutos   Calorías por ración: 569

Perdices con chocolate

Ingredientes para 4 personas:
- ✓ 2 perdices
- ✓ 1 onza de chocolate
- ✓ 1 cucharada de manteca de cerdo (cochino, chancho)
- ✓ 3 cucharadas de aceite de oliva
- ✓ 2 dientes de ajo pelados
- ✓ 1 hoja de laurel
- ✓ 1 vaso de vino blanco
- ✓ 100 ml de vinagre
- ✓ 250 ml de caldo de carne
- ✓ 4 granos de pimienta
- ✓ 2 clavos de olor
- ✓ 12 cebollitas francesas
- ✓ Sal

1

2

3

Limpie las perdices y átelas para que no pierdan la forma **(1)**.

Caliente la manteca junto con el aceite en una sartén al fuego y dore las perdices. Retírelas y páselas a una cazuela.

Dore los ajos junto con el laurel en la grasa que ha quedado en la sartén, vierta este sofrito sobre las perdices, añádales el vino **(2)**, el vinagre, el caldo, la pimienta, los clavos y sal y cocínelas a fuego lento y con el recipiente tapado, durante unos 45 minutos. Incorpore las cebollitas y continúe cocinando durante 45 minutos más. Retírelas de la cacerola, desátelas y ábralas por la mitad **(3)**, sin llegar a separarlas del todo. Póngalas en una fuente, retire de la cazuela las cebollitas y los ajos, colóquelos en la fuente con las perdices y reserve al calor.

Por último, deseche la hoja de laurel, pase parte del fondo de cocción a un cuenco, añádale el chocolate y fúndalo al baño María, revolviendo constantemente. Mézclelo con el resto del fondo de cocción y vierta esta salsa sobre las perdices. Sírvalas con arroz blanco y las cebollitas.

Tiempo de realización: 1 hora 40 minutos	Calorías por ración: 570

Perdices en escabeche

Ingredientes para 4 personas:
2 perdices grandes
100 ml de aceite
2 cebollas cortadas en trozos grandes
4 dientes de ajo
Una rama de tomillo
Una rama de perejil
2 hojas de laurel
500 ml de vino blanco
250 ml de vinagre
Sal y pimienta

Limpie cuidadosamente las perdices y átelas con un poco de cuerda para que no pierdan la forma durante la cocción.

A continuación, caliente el aceite en una cazuela al fuego, añada las perdices y deje que se doren uniformemente. Retire parte del aceite de la cazuela, conservando en la misma las perdices, agrégueles las cebollas, los dientes de ajo, el tomillo, el perejil y las hojas de laurel y deje que se rehogue todo junto durante unos 5 minutos.

Seguidamente, incorpore el vino y el vinagre, tape la cazuela y cocine todo durante unos 10 minutos. Agregue la cantidad de agua necesaria para cubrir por completo las perdices. Sazónelas con sal y pimienta al gusto y continúe la cocción, con el recipiente tapado, durante 1 1/2 horas más, aproximadamente.

Transcurrido el tiempo de cocción indicado, retire la cazuela del fuego y deje que las perdices se enfríen en su salsa.

Por último, retírelas de la cazuela, desátelas, trínchelas y colóquelas en una fuente. Elimine el tomillo, el perejil y el laurel de la salsa, pase ésta por un pasapurés y viértala sobre las perdices.

Tiempo de realización: 2 horas   Calorías por ración: 470

Lomos de conejo rellenos

Ingredientes para 4 personas:
2 lomos grandes de conejo, deshuesados
1 huevo
75 g de carne de ternera (becerra, mamón) picada
75 g de jamón serrano picado
1 cucharada de jengibre (cojatillo) molido
150 g de uvas pasas puestas en remojo
30 g de miga de pan desmenuzada
3 cucharadas de aceite
1 copa de vino oloroso, dulce
1 cucharada de concentrado de carne
1 taza de caldo
1 cucharada de maicena (fécula de maíz)
Sal y pimienta

Bata el huevo en un cuenco, agréguele la carne, el jamón, la mitad del jengibre, la mitad de las pasas escurridas y la miga de pan y mezcle todo bien.

A continuación, sazone los lomos de conejo con sal y pimienta, rellénelos con el preparado anterior y átelos para que no se salga el relleno.

Seguidamente, caliente el aceite en una cacerola y dore los lomos rellenos. Incorpore a la cacerola el vino, el concentrado de carne, el caldo, el jengibre y las pasas reservadas. Tape la cacerola y cocine todo a fuego lento durante 30 minutos o hasta que el conejo esté tierno.

Por último, retire los lomos de la cacerola y agregue a la salsa la maicena disuelta en un poquito de agua. Cocine la salsa unos minutos para que espese y mientras tanto desate los lomos y córtelos en rodajas gruesas. Sírvalos con la salsa por encima y verduras al gusto.

Tiempo de realización: 50 minutos   Calorías por ración: 680

Conejo en escabeche

Ingredientes para 4 personas:
- ✓ 1 conejo mediano, cortado en trozos
- ✓ 100 ml de aceite
- ✓ 4 dientes de ajo picados
- ✓ 2 zanahorias cortadas en tiras
- ✓ 1 cebolla picada
- ✓ 2 hojas de laurel
- ✓ 1 ramita de perejil
- ✓ 1 ramita de tomillo
- ✓ 1 cucharadita de romero en polvo
- ✓ 1 vaso de vinagre
- ✓ 1 taza de agua
- ✓ 200 g de judías (alubias, caraotas, frijoles) blancas, cocidas
- ✓ Sal

1

Caliente el aceite en una sartén, agregue los trozos de conejo y fríalos hasta que estén dorados (1). Páselos a una cazuela y resérvelos.

2

A continuación, retire la mitad del aceite de la sartén y en el restante, rehogue los ajos, las zanahorias, la cebolla, el laurel, el perejil, el tomillo y el romero. Cuando la cebolla esté dorada, agregue a la sartén el vinagre (2) y el agua y revuelva bien.

Seguidamente, vierta el contenido de la sartén sobre el conejo, sale y cocine todo junto a fuego lento durante 1 hora o hasta que el conejo esté tierno.

3

Por último, incorpore las judías cocidas a la cazuela (3) mezcle todo con cuidado, retírelo del fuego y deje reposar durante unas horas. Sírvalo frío o caliente, al gusto.

Tiempo de realización: 1 hora 20 minutos	Calorías por ración: 583

Conejo a la hortelana

Ingredientes para 4 personas:
1 conejo mediano, cortado en trozos
2 cucharadas de manteca de cerdo (cochino, chancho)
100 g de tocino (tocineta) entreverado, cortado en trocitos
1 cebolla picada
2 dientes de ajo
1 cucharadita de tomillo en polvo
1 hoja de laurel desmenuzada
1 cucharada de perejil picado
15 piñones
10 almendras crudas
2 tazas de caldo
250 g de tomate (jitomate) triturado
200 g de guisantes (arvejas, chícharos)
100 g de corazones de alcachofas
200 g de patatas (papas) nuevas, pequeñas
Sal y pimienta

Caliente la manteca en una cazuela y fría el tocino unos minutos. Agregue a la cazuela el conejo y dórelo.

A continuación, añada la cebolla, revuelva bien y cocine todo unos minutos hasta que la cebolla esté transparente.

Mientras tanto, machaque en un mortero los dientes de ajo junto con el tomillo, el laurel, el perejil, los piñones y las almendras.

Seguidamente, vierta el majado anterior en la cazuela, agregue el tomate y el caldo y cocine todo junto durante 1 hora.

Por último, incorpore los guisantes y las alcachofas, sazone con sal y pimienta y continúe la cocción durante 15 minutos. Añada las patatas peladas y finalice la cocción durante 15 o 20 minutos más, hasta que el conejo y las patatas estén tiernos. Sírvalo bien caliente.

Tiempo de realización: 1 hora 50 minutos	Calorías por ración: 656

Conejo en salmorejo

Ingredientes para 4 personas:
1 conejo cortado en trozos
5 dientes de ajo
Unos granos de pimienta negra
1-2 cucharaditas de sal gorda
500 ml de aceite de oliva
1 vaso de vino blanco
1 vaso de vinagre
1 cucharada de pimentón dulce
1 cucharadita de orégano
1 cucharadita de tomillo

Lave bien el conejo bajo un chorro de agua fría, séquelo con papel absorbente de cocina y póngalo en una fuente honda.

A continuación, pele los ajos y macháquelos en el mortero junto con los granos de pimienta y la sal gorda. Incorpore la mitad del aceite, el vino, el vinagre y el pimentón y mezcle todo bien. Vierta este adobo sobre el conejo y espolvoréelo con el orégano y el tomillo. Tápelo con un paño de cocina y déjelo en maceración durante 3 horas.

Transcurrido este tiempo, póngalo en un colador grande y deje que escurra bien, recogiendo el jugo que suelte en un plato hondo.

Seguidamente, caliente el aceite restante en una sartén grande y dore el conejo. Páselo a una cazuela, rocíelo con el adobo y déjelo cocer a fuego lento y con el recipiente tapado hasta que esté bien tierno y que la salsa haya adquirido una consistencia suficientemente espesa.

Por último, pase el conejo junto con su salsa a una fuente y sírvalo muy caliente acompañado de patatas cocidas.

Tiempo de realización: 1 hora   Calorías por ración: 960

Pato con salsa de cerezas

Ingredientes para 4 personas:
1 pato
1 cucharada de mantequilla
1 naranja pelada y troceada
El zumo (jugo) de 1 naranja
250 g de cerezas deshuesadas de lata
2 cucharadas de brandy (cognac)
3 cucharadas de jalea roja
1 cucharada de maicena (fécula de maíz)
1 cucharada de agua
Sal y pimienta

Introduzca la naranja dentro del pato, sazónelo con sal y pimienta, úntelo con la mantequilla, colóquelo en una fuente refractaria, tápelo con papel de aluminio e introdúzcalo en el horno, precalentado a 180° C (350° F), durante 1 hora. Déle la vuelta a la mitad de la cocción.

Mientras tanto, ponga una sartén al fuego y agregue el zumo de naranja, las cerezas, el brandy y la jalea. Cocine todo unos minutos, incorpore la maicena disuelta en el agua y mezcle todo bien cocinándolo unos minutos sin dejar de revolver.

Por último, 5 minutos antes de finalizar la cocción del pato, cúbralo con la salsa. Retírelo del horno y sírvalo con patatas fritas o con arroz blanco.

La piel del pato es muy sabrosa pero tiene un alto contenido de grasa y de colesterol. Téngalo en cuenta pensando en su línea y su salud.

Tiempo de realización: 1 hora	Calorías por ración: 335

Venado en adobo

Ingredientes para 4 personas:
- ✓ 1 kg de pierna de venado pequeño, cortada en filetes o en trozos
- ✓ 1 cucharada de sal gorda
- ✓ 5 dientes de ajo
- ✓ Orégano, cominos, tomillo
- ✓ 2 guindillas (ají picante)
- ✓ 30 g de miga de pan
- ✓ Vinagre
- ✓ 1 l de vino blanco
- ✓ 2 hojas de laurel
- ✓ 7 cucharadas de aceite de oliva
- ✓ 2 cebollas cortadas en aros
- ✓ Sal y pimienta negra en grano

1

Ponga el venado en un recipiente. Cúbralo con agua, añada un poco de sal y déjelo reposar durante 2 horas para que suelte la sangre y quede más blanco.

2

Haga un majado en un mortero con los ajos pelados, la sal gorda, un poquito de orégano, pimienta y cominos, las guindillas y la miga de pan remojada en vinagre. Una vez todo bien amalgamado y con una consistencia de pasta, escurra el venado del agua, colóquelo en una cazuela de barro y extienda la pasta por encima **(1)**. Rocíelo con el vino, añada el laurel y un poco de tomillo, tape la cazuela y déjelo en maceración durante 24 horas.

3

Pasado este tiempo, escurra el venado, cuele el líquido y resérvelo.

Caliente el aceite en una sartén, dore la carne **(2)** y póngala de nuevo en la cazuela. En el mismo aceite, fría las cebollas y añádalas a la carne. Rocíela con el líquido del adobo reservado **(3)** y cocínela a fuego lento hasta que el venado esté tierno y se haya consumido el exceso de líquido. Sírvala en la misma cazuela.

Tiempo de realización: 1 hora	Calorías por ración: 831

ÍNDICE